三船敏郎外伝

わたしのトシローさん

粟津號
船木倶子

家族写真 1905 年（明治 38 年 10 月 20 日撮影）
長男・帆平　　三男・徳造（敏郎の父、34 歳）
母・ミツヱ（敏郎の祖母）　佐藤オリエ（親類）

三船写真館　　青島《チンタオ》時代

三船本家の墓前で　1969年（S44）
三船敏郎、本家の長女・由視さんと

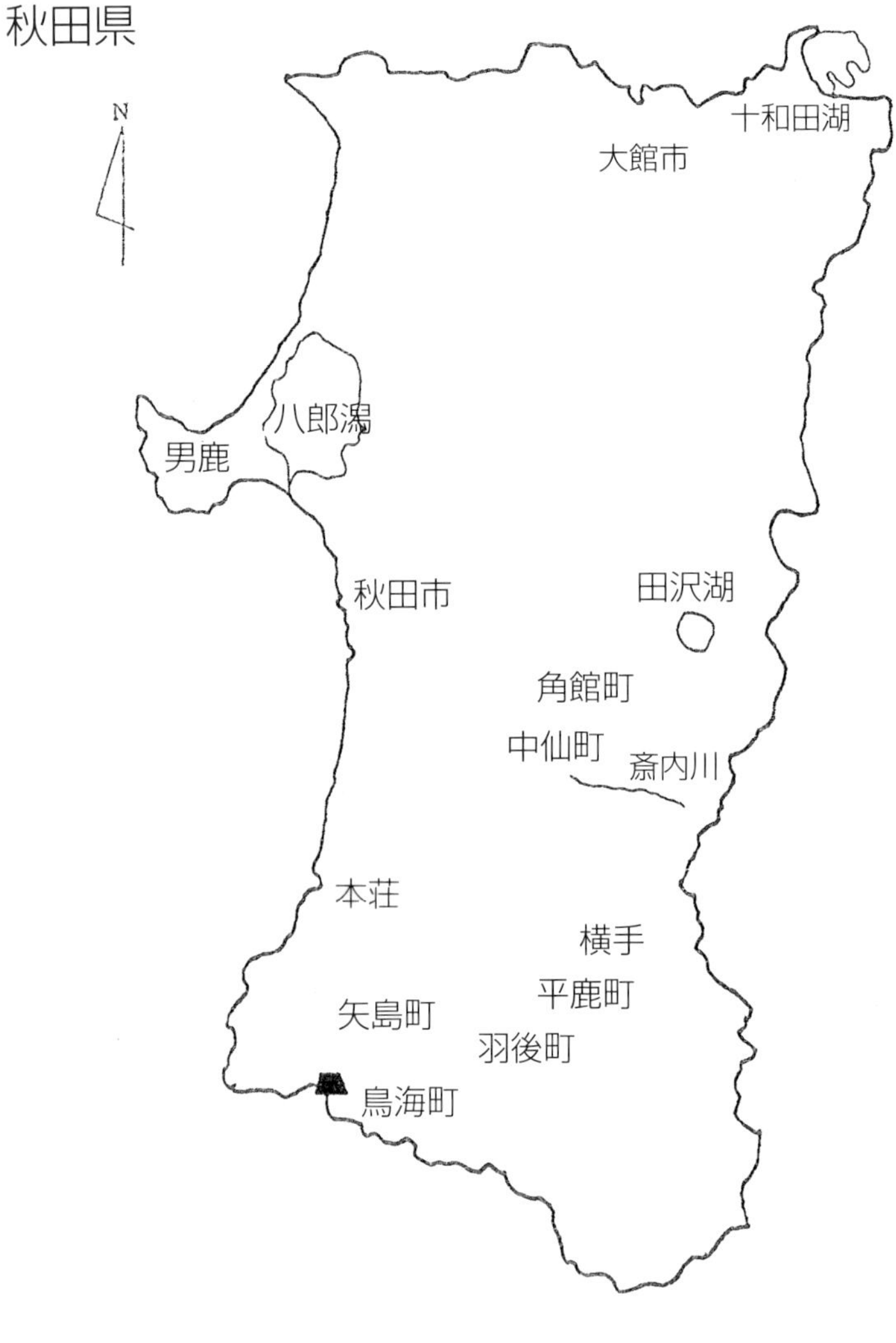
秋田県
N
十和田湖
大館市
八郎潟
男鹿
秋田市
田沢湖
角館町
中仙町
斎内川
本荘
横手
平鹿町
矢島町
羽後町
鳥海町

目次

三船敏郎　外伝

わたしのトシローさん

序章　「上野駅14番線」取材から

その記事を見たのは、東京・恵比寿の行きつけの散髪屋であった。年号が平成に変わる以前、JRがまだ国鉄の時代である。散髪の順番を待つ間、なにげなく目にした新聞の社会面に記事は小さく載っていた。

郷里の秋田へ帰ろうと列車待ちをしていた出稼ぎの男性が、回送列車の連結の間に転落、轢死した。停車中の車輌につかまって小用をしていたときで、列車が突然動いたらしい。

わたしの郷里も秋田である。散髪屋の主人もまた同郷だったので「この時期に切ないねえ」と思わず話してしまったほどだ。他人ごとには思えなかった。が、その出来事もまた日々の底に沈んで月日が流れた。

その記憶がよみがえったのは、「ひとり舞台」をしたいと思ったときである。

さっそく取材をはじめた。

「さあ、そういう事故は覚えてませんねえ。私も上野駅は永いんですがねえ。

十年前ですか……ここは客が多い駅ですから、そりゃあ、いろんな事がありますよ」

上野署も鉄道公安室も応えはそっけなかった。

あれはしかし、年末のことだったのか、お盆の帰省のときだったのか？　事故は本当にあったのだろうか？　わたしは自分の記憶のほうを、その頼りなさを疑いはじめていた。

数日が過ぎていた。それでもわたしは記憶をたぐりよせながら、朝から新聞の縮刷版をめくっていた。

「あ、あった！」

思わず叫んだ。隣のテーブルで調べものをしていたひとに、「静かにしてください」と云われたほどだ。平成五年（一九九三）梅雨のさなか、都立日比谷図書館・新聞閲覧室でのことである。

昭和五十七年（一九八二）十二月二十六日 朝日新聞
上野駅で転落死　帰省前に出稼ぎの人

「二十五日午後九時五十分ごろ、東京都台東区上野の国鉄上野駅十四番ホームで、秋田県由利郡鳥海町小川《こがわ》、佐藤叶《かない》さん（四八）が動き出した回送列車とホームの間にはさまれ、約百二十メートル引きずられ、全身を強く打って間もなく死んだ。上野署の調べでは、佐藤さんは酒に酔ってホームで小用をしているうち、急に回送列車が動き出したため、バランスを失って転落したらしい。

佐藤さんは二十年近く関東地方に出稼ぎに来ており、この日は世田谷区内の水道工事店での仕事を終え、正月休みで帰省するため午後十時三十七分発の寝台急行〈天の川〉を待っていた」


そもそも、俳優にとって自己を鍛えるとはどんなことだろうか。本を読む。肉体を鍛える。いろいろなことがあるだろうが、自分の演《や》りたいものを自らの手で創りあげる。そういう自己鍛錬の場として「ひとり舞台」があってもいいのではないか。「そこから出て、そこに立ちかえる」そんな道場のようなひとり舞台が。

駄目な役者だから配属されないのだ。セリフを上手く云えて、いい芝居のできる役者になったらいつか食えるのだ。そんな思いで二十五年、映画やテレビドラマの仕事を待って待って生きてきました。精進、努力を重ねてといいたいところですが、何が俳優にとって努力であり精進であるのか……。ただバーベルを挙げて、基礎体力をつけているだけのような。

五十歳が間近というときでした。棚からボタ餅を待つような、プロデューサーからの配役だけを待ち暮らす生活に嫌気がさしていたんです。本来、斬りこみ型のわたしの性格には、いつ来るとも知れぬ仕事を待つ生活は、辛く耐え難い日々でした。見る目なきプロデューサーたちを恨み、また、かつてには共に暮らす女性から生活の不安定を指摘されての別離もありました。「因果な商売だなァ」と、うめいていたのです。

しかし、ある時を境に、わたしは誰にも負けない男になったように思います。ボタ餅の落ちてくるのを待つ生活を辞め、自ら稲を植え、餅をこね、アンコを仕込んで、自分の手でボタ餅を創りだそうと模索したときからです。

そんな思いから脚本・演出・主演の一人三役で創作した第一作が『上野駅14番線』である。初演はわが家の新年会、居間に黒幕をめぐらしての舞台であった。

その後、多くの人に観てもらうなかで次第に成長していき、平成九年（一九九七）には「NHK名古屋　ひとり芝居の演劇祭」への出場が叶った。応募六十一作品中、優秀六作品の競演である。庭先のキャッチボールとノックから始まった野球が、甲子園出場を果たしたような昂揚感を味わった。

芝居の主人公の故郷・秋田県鳥海町小川《こがわ》を訪ねたときの取材ノートがある。

〝世界のミフネ〟こと、俳優・三船敏郎と関わりのある地と知ったのはこのときである。

《取材ノート》

鳥海町は秋田県の南端、鳥海山の麓に位置し、本荘市からは由利高原鉄道沿いに車で約一時間のところにある。仰ぎみる鳥海山は標高二千二百三十六メートル、東北第二の高さを誇る独立峰で、その裾野は日本海まで続く。「出羽富士」とも「秋田富士」ともいわれている。『日本百名山』で深田久弥は、「山容秀麗という資格では他に落ちない。品格のある山である」と記す。

山は雪に覆われている。うす蒼の空は雲ひとつなく、天のひかりを放射してまるでソフトクリームのふんわりだ。永い冬を抜けだして、雪融けがようやくはじまったころであろうか、五月といってもまだ肌寒い。二軒三軒と点のように家々のおかれた集落を抜ける。ここは幹線道路のはずだが、行き交う車は皆無。枝先をひどく下に向けたたわわな牡丹桜の、その枝の付け根が生々しいしろさをみせて裂けている。雪の重さのためだろう、この土地の雪の深さを思わせる。

風景はすっぽりと山あいにある。

『上野駅14番線』のあの人の家は、田んぼを前にしてポツンと一軒、廃屋となって建っていた。苗は植えられたばかりのようで、ぽやぽやとたよりない。田んぼにはたっぷりと水が張られて水鏡になっている。そこには山裾のみどりを背にした廃屋がくっきりと映っていた。

屋根には青いビニールシートがかけられている。深い雪に閉ざされる冬を幾度越してきたのだろうか。シートは艶をなくし、心なしかこわばってみえる。

そのシートにも春の夕昏れがせまっていた。

わたしたちはその建物に向かって田んぼ道をすすんだ。玄関まえはわずかな庭になっている。大きく葉をひろげた蓬のなかで、深山おだまきがこじんまりと紫の花をつけていた。

家の入口に、ボール紙に黒マジックで、

長期不在中　御用の方は
佐藤嘉毅様宅へ伝言をお願いします
平成二年十月　　喜子

記されている伝言先は当主・叶氏の本家であり、嘉毅氏はその本家の長男である。田んぼを隔てた隣地で、嘉毅氏は〈けやき〉という部品工場を営んでいた。訪ねると作業中であったが、機械を停めて迎えてくれた。

氏に訪問のわけを伝えると、

「そうですか。それはそれは叔父の供養になります。十年にもなりますか。もう忘れかけていたんですが、今ごろになって……。

ま、あがってください。俳優さんですよね。叔父さんは男前でしたよ」

奥さんが胡瓜の即席漬けを出してくれた。

少しあわてている。東京からの突然の訪問では無理もない。

「それでは……」

と嘉毅氏が、田んぼの向こうの廃屋の中を見せてくれた。

すでに夕昏れ、電気が止まっているので部屋は暗くなりかけている。それでもなかの様子はよくわかる。不思議なのは、まるで昨日をみているような生あたたかさを感じることだ。座卓のうえに残された数枚の皿、カバーのかかった座布団の乱れ……かたずけをして出ていったとは思えない。梁には「労力」と墨書された額と並んで、二輪車運転の表彰状が掛けられている。

「四反の田んぼを本家からもらって、この家へ入ったんですよ。叶叔父は末っ子でしたから、若勢《わかぜ》として私のオヤジから離れないでここに居たんです」

本家に戻り、わたしたち夫婦は奥の座敷に通された。

それからも話は続いた。

「叔父はなにより酒が好きでした。〈出羽の富士〉です。私と二人でよく呑みました。どんなときも人を疑うでなし、怒るでなし。ひとがよくておとなしくて。ただ黙々と働くひとでしたね。娘さんを仙台の短大へ行かせていたので、その仕送りのこともあって、夏のあいだも出稼ぎしてました。田も四反歩だし、東京の仕事場でもあてにされていて、農繁期だけ少し休んで、すぐまた東京に戻るという生活でした。喜子《きこ》さんですか？　奥さんはいま、埼玉の娘さん夫婦のところに身をよせています」

嘉毅さんの奥さんが出羽の富士を買ってきた。

「せっかく来てくれたんですから、叔父が好きだったこの酒で、ゆっくりやりましょうや。泊まっていけばいいでしょうよ」

嘉毅さんもいい人で、しきりにわたしに酒を勧める。

「いやあ、亡くなったという連絡をもらったときは驚きました。茫然としたまんまの喜子さんと娘の静江さんを私の車に乗せて、東北自動車道を東京に向けて走りました。ずっと黙ったままでした。明るい月夜でしたねえ。気分のつらい三人旅でした。

——覚えています。胴は切断されていて……。それでも、ちゃんときれいにまとめてくれていて。顔はそんなに傷ついてなくてネ。助けてくれーッと叫んだらしいです。聞いたひとがいたそうです。

あの日、上野駅に向かうまえに、叔父は目黒に住んでいるお姉さんの家に寄っています。列車を待っている間、ホームでワンカップのお酒を飲んではいましたが、……身体の具合が悪かったのでは、と思うんです。電車が動きだしたとき、目眩を起こしてしまったのではないかと」

三冊のアルバムを見せてくれた。いずれもモノクロ写真であった。陽に焼けた筋肉質の、目鼻立ちのはっきりした、確かに男前、そんな叶さんだった。

「叔父は私ほどしゃべりませんけどね。聞けばしゃべるス。ツマミの要らぬ酒呑み……。じっくりゆっくり、私とここで呑んだもんだス」

嘉穀さんがつい昨日のことのように語る。酒がすすむにつれて話があっちへとびこっちへとぶ。

「あなたも俳優さんですよね。実は、ここから車で三分ほどのところに、三船敏郎の父親の実家があるんですよ」

嘉穀さんの口から思いがけないひとの名が出た。三船敏郎といえば〃世界のミフネ〃である。その父親がこの町の出身とは驚きだった。

帰りがけに嘉穀さんが、土産にと〈出羽の富士〉を持たせてくれた。

わたしたちの車は、国道一〇八号線を雄勝町へ抜けようと夜道を走った。新緑の匂いが車のなかにも漂ってくる。雪国の待ちのぞんだ春である。

これから本格的な山道にさしかかるというあたりで、立札に停められた。

『松ノ木峠 降雪のため通行止』

「降雪のため？」

「嘘だろう！」

驚いて一旦は車を降りた。峠の、樹木の鬱蒼にすいこまれるように道は細くなって続いている。それを遮断すべく張られたロープにさわってみるがどうにもならない。仕方なくいま来た道を引き返し、今度は日本海の方向に、本荘への標《しるべ》に従う。五月二十三日のことであった。

さて、東京、秋田、名古屋と各地を転演したひとり舞台『上野駅14番線』だったが、ついに主人公の出身地・秋田県由利郡（現・由利本荘市）での公演を果たすことになる。着想から五年、平成十年（一九九八）二月十八日、招かれての上演であった。

「NHK名古屋　ひとり芝居の演劇祭」で、〈観客が選ぶベスト・ワン〉になって以来、この芝居への愛着は一層深くなっている。

「気合いをこめて演じました。主人公が鳥海町ということで、地元の緊張感もありましたね」

舞台上演の日は本荘市に宿泊し、翌日、芝居の主人公・叶氏の家から近いところにあるときいた三船敏郎氏の父の生家を訪ねた。

第一章　三船本家・ツヱさんの話

二月もなかばを過ぎたというのに、辺りは雪に閉ざされている。

小川《こがわ》橋のたもとで車を降りると、空の広さがとびこんできた。出羽丘陵を源とする笹子《じねご》川は大きな流れである。が、その広がりも今は雪に覆われている。豊かな雪の明るさがある。ふっくらと積もった雪の下の流れが、それでもところどころ雪からそれて、きらめきながら流れていくのが見えている。その水音だけが、遠くない春の季節を思わせる。

三船本家の屋敷は、笹子川右岸、川岸段丘の微高地に在る。

小川橋のたもとから三船本家の正門までは、ゆるやかな坂道になっている。白銀に反射して輝く雪を踏みしめながら、わたしは心持ち硬くなって石垣門をくぐった。

秋田富士・鳥海山を見上げるように建てられた堂々たる萱葺き、総欅造り。

本屋から座敷中門と馬屋中門が突き出している。上客用の玄関と普段使いのそれである。座敷中門は入母屋破風《いりもやはふ》であり、馬屋中門は寄棟になっている。かつての豪族の館を思わせるたたずまいである。その屋根をおおう厚い雪。三船本家の歴史もまたそのように積もってきたのだろうか。わたしはその血脈を思い、感無量であった。

わたしたちは馬屋中門に向かったが、その間口は五・五間（約十メートル）、土間に入って目をこらすと向こうには巨大な大黒柱があり、それは一・五尺（約四十五センチ）角、黒光りの欅であった。

敏郎さんとそっくりだったという当主、従兄の哲朗さんは亡くなっていたが、未亡人のツヱさん（七十五歳）が快く応対してくれた。小柄ではあるが凛とした物腰の、いかにも旧家に嫁してきた、旧家とともに生きてきた、という風合である。

ツヱさんが昭和十八年五月に嫁いできてから、敏郎さんはこの家に四度訪ねて来たそうである。父の生地を故郷と思い、困ったときは本家に頼った。またツヱさんが上京したときは大いにもてなしてくれた、という。「トシローさん」と呼ぶその響きの、なんという身内の肌あい、親しさであろうか。いつの間にかわたしまで「トシローさん」と呼んでいた。

〝世界のクロサワ〟こと、黒澤明映画監督の父の生家も、ここからはそれほど遠くない場所にある。

父・黒澤勇は仙北郡中仙町（現・仙北市）で生まれ、上京してからは陸軍の教官になっていた。黒澤明は四男四女の末っ子である。父・勇は、八十三歳の死の床も中仙町にあったひとだ。息子・明は映画『酔いどれ天使』の撮影中だった。父親危篤の報を受けたが現場を離れることは叶わぬ。

昭和二十三年（一九四八）二月八日、訃報が届く。

その日、黒澤明監督は新宿の雑踏を――あえて選んで――あてもなしにひとり歩きつづけていた。どこからか調べが聴こえる。「カッコウ・ワルツ」であった。心に沁みた。劇中、闇市をさまよう三船の背後で流れているのは、そのメロディだ。他の調べがあるはずもない。

父の法事のため中仙町に帰郷したのは、初号試写が終わってからであった。

映画は四月二十七日に公開された。

『用心棒』の桑畑三十郎や『椿三十郎』本人の着物の袖や胸でゆれる紋は「丸に剣片喰紋《けんかたばみ》」――端麗で優美な黒澤家の家紋である。三船プロダクションのシンボルマークは「丸に木瓜《もっこう》紋」――三船本家の家紋である。これらは『荒野の素浪人』『上意討ち』『座頭市と用心棒』『待ち伏せ』などでも使用された。これこそ世界のクロサワの黒澤家、世界のミフネ・三船家の並々ならぬこだわりと愛着であり、父の生地・秋田に対する憧憬の現れであろう。

昭和二十一年（一九四六）夏。

三船敏郎は、迷うことなく秋田行きの汽車に乗った。

「食糧も何もないしね。親父の本家は秋田だから……」

ツヱさんは云う。

「トシローさんは父親の愛情で育ったひとですから、父親の故郷をいっつも懐かしがっていました。主人の哲朗とは四歳《っ》ちがい。自分の兄のように慕って力にしてました」

本家へ行けばなんとかなる――

父・徳造の生まれた故郷、鳥海山麓の山河は、裸一貫の復員兵には豊かな里と映っていたのだろう。しかし当時は、穀倉・秋田といえども米はひどく不足していて、そのときは蕗を混ぜて炊いていた。三船の思うほどの余裕はなかった。三船本家の従兄・哲朗はまだ軍隊から戻っていない。留守をまもるツヱさんは親類の人と一緒にトシローさんの話をきいた。暦のうえでは夏であっても肌寒い夜がある。三人とも炬燵に入りながらであった。

米の入手は難しかった。

「恵んでくれと云ってるんじゃない。米を買うと云ってるんだ」

ツヱさんはあちこちに頼み廻り、なんとか米一俵と布団一組を用立てた。

「いまの布団は借りものなので、喧嘩でもして取り上げられたら困るんだ」

「あの布団は送ったものか、トシローさんが担いでいったものか。はっきりしねえけど、当時、風呂敷さえなくてね。タンスの引き出しの下に敷いていた白い布を取り出して、それで布団を包みました。それは私が嫁入りの時に持ってきたものです。米は叔母の夫からゆずってもらったんです。わが家（三船本家）は戦後の農地解放で、もう小っちゃくなっていましたから。一反三百円で処分されたス。あのとき、トシローさんは、三日ほどいましたね」

米は十四キロ離れた矢島駅まで、トシローさんが背負っていった。歩くしかない山道である。一俵（六十キロ）の、嬉しい安堵の重みであった。

駅まで見送ったツヱさんに、三船は世話になったお礼の言葉とともに付け足した。

「何とか食っていくつもりで、六月に東宝の試験を受けたんだ」

東宝ニューフェイス採用試験であった。時を待たずして運命の歯車が大きく廻っていく。

わたしは興奮を覚えた。スター・ミフネ誕生直前の秋田行であった。

秋田農業大博覧会

昭和四十四年（一九六九）三船プロダクションは大作映画『風林火山』（稲垣浩監督）を完成させた。やがて全国公開され、大ヒットとなる。

この年、秋田では明治百年と八郎潟の世紀の大干拓工事の完成を記念して、秋田市臨海工業用地と新農村大潟村を会場に、八月二日から九月二十五日までの、五十五日間にわたる「秋田農業大博覧会」が開催された。

〈八月二日、午前九時。主会場メインゲート前で開会式。招待客千人、一般客二千人。用意された紅白のテープをミス・秋田博たちの介添えで、小畑秋田県知事らが、こどもの代表や招待客とともにいっせいにカット。と同時に風船が空に舞い、秋田博は華麗な幕を切って落とした〉

雲の切れ間から八月の太陽が時折のぞくさわやかな朝、秋田県、秋田市、秋田県農協中央会が主催するこの大イベントに、秋田県出身の映画俳優三船敏郎、倍賞千恵子両氏が秋田の顔として特別招待されていた。

その日の夕べ、三船敏郎は再び本家にやって来た。

この日、哲朗氏と長女由視《ゆみ》さんは秋田市までトシローさんを出迎えている。

高級外車ロールスロイス（1962年型 ロールスロイス・シルバークラウド）は、鳥海山麓の細道を走り登る。そのころ、秋田の道路事情はスクリーンのミフネに劣らず野性的で険しく、真夏の山道は白い土埃りをあげっぱなしだ。本家にたどりついたとき、外車のマフラーは破損、すでに紛失していた。


もうだいぶ前から、三船本家の奥座敷は落ちつきがない。何年ぶりであるだろう、わがトシローさんが帰ってくるのだ。従兄弟たちが勢ぞろいして、いまかいまかと待っている。

敷地の向こうは竹林であるのだが、ひとつの大きな山のようだ。庭に面したこちら側には樹々の緑が重なっていて、根元のあたりからは小さな滝が落ちている。暑さを吸いこんでしまったような流れはこちらに向かい、ノハナショウブの紫が水面に映る。その花いろを揺らして、緋鯉や斑鯉がゆったり遊ぶ。奥座敷から見る庭の風景はなにひとつかわっていない。

滝の近く、苔で覆われた崖地に根を張った大文字草の白色が夕昏れに浮きだしたころ、トシローさんを迎えての大宴会がはじまった。

三船夫妻と次男・武志君（十四歳）を囲む記念写真には、総勢三十八人の老若男女が写っている。ひときわに幸子夫人は美しい。

テーブルには女衆の手作り料理がところ狭しと並ぶ。

トシローさんはとっくに上着を脱いでいて、半袖シャツになっている。終始上機嫌で酒を注《つ》ぎ、そして注《つ》がれた。三船敏郎、四十九歳。米一俵を担いで東京へ向かったあの日から、二十三年が経っていた。

〝世界のミフネ〟はその日、何を食べ、何を呑んだのだろうか？

　写真を確かめてみる。

　鮎の塩焼き、鮎の吸い物、枝豆、牡丹餅、トコロ天、エゴ、赤飯、そして西瓜。地酒の「天壽」と「出羽の富士」。ビール瓶も林立している。

　その日、二十歳になったばかりの役場の若者が、カメラを下げて参加した。

「宴会に加わりたい一心で、とっさに、写真を撮るというふれこみでね。でも、カメラにフィルムは入ってねがった」

　カメラのことを写真機と呼んでいた時代である。コンビニエンス・ストアなどあるはずもなく、フィルムを用意したいと思ってもおいそれと手に入るというものではない。現在でさえる。この辺りでは、前日の夕刊は、翌日の朝刊と一緒に配達される。
そんな無謀な若者に、役場の上司が「唄っコでもうたえや」と声をかけた。
若者は地元民謡「本荘追分」を唄った。

本荘名物　焼山のわらびヨ
焼けば焼くほど　太くなる

江戸で関とる本荘の米はヨ
おらが田んぼの田で育つ

出羽の富士見て流るる筏ヨ
着けば本荘で　上り酒

あちらこちらに野火つくころはヨ
梅も桜も　ともに咲く

流す筏にお神酒をのせてヨ
下る子吉の春の川

実直で朴訥なその若者を、三船プロ社長は気に入ったらしい。

「ウチへ来いよ」と入社を勧め、盃をくれた。

「光栄なことだと思ったけど、役場に入ったばかりでね。ま、私は大好きな山歩きを選んだわけです。三船さん、私が注ぐたび、秋田の酒はうまいなってグイッと呑むもんだっけ」

と話すかつての若者はいま、鳥海町商工観光課長三浦俊雄氏、五十歳。

三浦さんは云う。

「もてなし料理といっても、そんなに品数はないですよ。大体決まってしまいます。他には山菜の精進煮物に、棒ダラとかカスベの煮付け。あとは鳶茸《とびたけ》かなァ」

精進煮物は山菜の炊きあわせといっていい。「孫助」（サクラシメジ）「ミョウサク」「姫筍」などの塩蔵を水に戻し、塩抜きをする。「孫助」は油で炒める。そのほうが味にコクが出て旨くなる。それらを油揚げ、手綱《たづな》コンニャクとともに煮染める。

「カスベの煮付け」は秋田の県民食といってもよく、運動会や夏祭りなどには欠かせない一皿である。八郎潟育ちのわたしも、カスベの煮付けはことのほか思い出深い。

乾カスベは北海道産のガンギエイを、凍干《とうかん》という真冬の天日干しで乾物にしたものである。一晩、水を換えながら戻し、しょうゆとザラメ糖で味をつけ、半日以上コトコトと弱火で煮上げる。かつては各家々がガンギエイを姿のまま買い求め、農具の「押し切り」で細断してから調理したものだ。

ミフネの誘いを断り、山歩きを選んだ三浦さんのおすすめの珍味がある。

「あの日、鳶茸を採ってきた人はいなかったのかな？　サッと醤油で煮て出せば、極上の酒の肴になるんです。八月なら採れてます。鳶茸はブナに着く舞茸で、出初めは白いんですが、大きくなると鳶色に変わるんです。白いのが旨いんですよ。まだ小さくてもったいないですが。ミフネさんに出してあげたのかなァ。酒には鳶茸が最高です」

三浦さんは白い鳶茸のことを、いかにも美味しそうに話す。

しかし、である。川から鮎を求め、山菜の塩抜きをし、カスベも煮て、歓迎の料理に大汗した本家のツヱさんに、後日ミフネは意外なことをいう。

「いやあ、あの日食べたあの味、忘れられないなあ。なんとも旨かった」

ツヱさんが「何の料理だったたべ」と訊いたところ、それは「味噌漬け」だった。大根、堅瓜、胡瓜や茄子などを漬け込む自家製の味噌漬けは、地元ではごく普通のお茶受けだが、トシローさんに「旨かった」と唸らせたのは、ほかならぬそれであった。

「云われてみればなるほどなあと思うけど、鮎だ、なんとか探せ！　って、あのときのあの大騒ぎは何だったたべな？　ガクッと力抜ける気分だったス」

ツヱさんは苦笑する。

が、三浦さんは、

「いや、三船本家の大樽に仕込んだ味噌漬けは、格別だったと思いますよ。茄子なんか輪切りにすると、飴色に透き通って光るんです。大量の味噌を惜しげもなく使って、永い月日をかけて漬け込む。実は贅沢なものなんですよ。グイッと呑む旨口《うまくち》の地酒に飴色に透き通った味噌漬け。美味しかったんでしょう、三船さん。いや、わかりますなァ」

本家での記念すべき宴。ミフネはその夜、終始満面の笑みをたたえていたという。それも山のような色紙に汗だくになりながらサインをしつつ、である。

酒盛りは夜更けまで続けられた。酒量に関しては、秋田の従兄弟たちのほうが勝ったらしい。

ツヱさんにその夜のことを訊いてみた。

「朝早くから、もてなしの準備でてんてこ舞いの忙しさ。トシローさんが何時に来たのかも、台所にいてわからない。鮎を食べさせねば、と天然の鮎を漁りに、鮎の入手に苦労しているうちに、宴会が始まってしまって……。

難儀した日だったァ。それだけだ」

お酒を届けてくれた隣家・佐藤酒店の奥さん・サッさんが云う。

「本家の哲朗さんとおんなじ顔だといわれていたし、私もずうーっとそんなふうに思ってたけど、本人と会ってみたら、迫力が全然違ったけな」

昨日のことのような口ぶりである。なにもかも予想を凌ぐ迫力の、楽しいばかりの宴であった。

その日、秋田市まで、三船本家の当主哲朗とともに迎えにでた娘の由視さんは云う。

——ミフネさんが来秋したときのニュースを見た職場の仲間に訊ねられました。どうしてあの場所にあなたがいたのか？　と。私は病院に勤めていましたから。

ひっそりと雪に埋もれる三船本家。あの賑わいの奥座敷も、今はひんやりと冬のさなかに眠っている。

ツヱさん上京

「どこでもいいよ。東京はどこを観たい？　どこへ行きたい？」

トシローさんに米と布団を揃えてあげた功労者、ツヱさんは、昭和三十四年（一九五九）〝世界のミフネ〟の招待を受け、義弟・弘喜氏（夫・哲朗の弟）と一緒に上京した。

ＪＲ羽越本線羽後本荘駅から、新潟経由の夜行列車に乗りこんだ。

翌朝六時、上野駅に到着した。

トシローさんの出迎えを受け、〝映画スター〟の運転する高級乗用車で世田谷区成城の三船邸へ向かう。

朝まだきのせいもあろうか、都心は車もスムーズに流れていて人影も少ない。大都会の混雑を予想していたツヱさんは、「田舎とたいして変わらねえな」と漏らすと、すかさず運転席から、

「十時ころになれば、ここら辺は大渋滞だよ」

とスターの返事がかえってくる。

ビルの林立が窓外をよぎる。

「肉は嫌いです。食えねえスもの」

はっきり告げておいたほうがいいと思い、ツヱさんは食事の好き嫌いからきりだした。トシローさんはステーキでもご馳走するつもりだったと思うけど、私にそう云われたもんだから魚の中華料理、寿司屋、割烹料理と案内してくれました。

しきりにトシローさんが訊く。

「どこへ行きたい？ 何を観たい？ 遠慮はいらないよ」

ほんとうはあのとき、前の年に完成したばっかしの東京タワーに登ってみてえと思っていたけど、いかにも田舎者みたいで云い出せず、「どこでもいい」と答えてしまった。「それでは」と、トシローさん、箱根の温泉サ連れて行ってくれました。

そういえばあのとき、宿で居あわせた客たちが「三船敏郎だ」と驚いて、「三船敏郎がいる」といって騒ぎだした。

トシローさんは、

「違う、俺は秋田の佐藤与太郎だ」

と、とぼけとおした。何であのとき、トシローさんは村の農協組合長の名前を出したんだべ？ 箱根はいい温泉で、立派な御膳出たけども、なんだか山のなかで、鳥海山とあまり変わってねえような気ィして……。東京まで来てわざわざ山さ入っていかねくてもね。やっぱり東京タワーだったかな、って。ハッハッハッ。

　箱根で写したそのときのスナップ写真がある。ツヱさんは小紋の羽織りに白い薄手のショールをかけている。黒い和装手袋もスリムなツヱさんによく似あっている。

　ツヱさんが云う。

　――いよいよ秋田さ帰るというときに、浅草を案内されて、「好きなものいってくれ。何でも買うから」ってトシローさんが云うの。でも、七日間も泊まってご馳走になって、さんざん世話になってたから、これ以上甘えてもいられねえと思って、「もう十分です。世話になったから」と答えたら、トシローさん、急に張りあいなくしたみたいな顔してな。それも気の毒で、とにかく何か欲しいものを云わねばと辺りを見まわして……当時わたしは和服だったし、これから秋田も暑い夏に向かうころだから、「浴衣でも買ってもらうかな」と答えたら、「そんなものでいいのか」といって浴衣地を買ってくれました。終戦直後に訪ねて来たとき、本家として出来るだけのことはしたけど、よっぽど恩に思ってたんだねえ。

　三船本家の茶の間、板張りの壁に『赤ひげ』のパネルがなかば煤けて掛けられている。この慎ましさがわたしの心をゆする。そこにあるのは〃世界のミフネ〃ではなく、あくまでも「トシローさん」なのである。

わたしは『追悼・三船敏郎・男』(1)を差し出した。

それを見てツヱさんが云った。

「これ、香典くれた人へのお返しとしてちょうどいい。ほしいね」

わたしはツヱさんにその追悼号十二冊を東京から送ることを約束した。

昭和五十年（一九七五）、わたしはテレビ映画作品『剣と風と子守唄』(2)の富士山麓御殿場ロケで、トシローさんと一緒だった。

S＃3　雑木林

駆け抜ける次郎太と吾一。

必死の形相で駆ける、駆ける、駆ける——

×　　×　　×

やがて、その視線が開ける様に窪地が現れ、そこに祖末な百姓家がある。

次郎太と吾一、荒い息使いを押し殺して、木立ちの陰から見降ろす。

静かな百姓家。

次郎太「！　………いいな、やると決めただ、余計な事考えて気遅れするでねえだぞ」

吾一、血走った目で頷く。

次郎太、懐中から火打ち石を出すと、火縄へ点火し始める――が、手が震えて思う様にならない。

百姓家を見降ろしていた吾一――

吾一「おい、だ、誰か来ただぞ」

次郎太、思わず見る。

百姓家へ向かってくる編笠の男。

砦十三郎だ。

砦十三郎（三船敏郎）、次郎太（粟津號）

あのとき、「粟津です。秋田の生まれです」と名乗ればよかった、とつくづく思う。きっとトシローさんは懐かしい顔をしてくれたに違いない。

クロサワとミフネ――秋田の雪深い旧家に「出生」のルーツがある。家紋に込めた二人の郷愁がしのばれる。

二月十九日。三船本家を後にして秋田空港へ向かうわたしに、じんわりとこみあげてきた「嬉しさ」「誇らしさ」はいったい何であったろうか。秋田をふるさとにもつものとして、俳優を生業に選んだものとして、いいや、日々をわが拳《こぶし》ひとつで生きゆくものとして、いいしれぬ励ましを受けている。あのミフネがあの家に行き、あの家から戦後、スターとして出発したのだ。それがわたしの「トシローさん」である。

第二章　鳥海町小川地区〈男嶋〉

鳥海町の小川《こがわ》地区には三船姓が多い。小川小学校のクラス二十八人中、半分は佐藤姓、残り半分は三船姓だったと、前述の嘉穀さんは云う。

小川出身の幕内力士がいる。

男嶋船造《せんぞう》。明治十一年（一九七九）二月生まれ。本名・三船専造。

明治後半から大正の末期にかけて土俵をつとめた力士で、初土俵から二十四年間、一場所も休まず出場したという記録を持つ。当時、何かと理由をつけては自由に休場できた相撲界にあって、それは賞賛に値する記録である。幕内在住四場所。廃業時は序二段、四十五歳であった。

大正六年（一九一七）五月場所。三日目は日曜日と五月晴れが重なり、両国国技館は午前中から早くも〈満員御礼〉となっていた。しかも当日正午からは、久邇若宮、東久邇若宮、賀陽宮他五殿下が御成の台覧《たいらん》相撲であった。

十両・男嶋と幕下・友ノ山の対戦は白熱した。再三攻防を繰りかえすうち、男嶋のマワシが伸びて〝ゆる褌《ふん》〟状態となってしまった。が、かまわず土俵際に寄り立てる男嶋の前袋が、あろうことか、一瞬にしてはずれてしまった。あわてて両手で隠そうとしたが時すでに遅し、巨根がポロリと露出した。技では勝ったものの、決まり手は「不浄負け」。男嶋、男を出しての負けである。後世に名を残すチン記録となった。

二十一歳から四十五歳までの永い土俵生活であった。であればこそ廃業後、相撲以外に生きることはとりわけ難儀に思われる。何よりも酒が好きで、酒量も並みではない。呑んでいる間が己の生きている証であるかのような呑みっぷりであった。廃業時、なんとかまとまっていると思われた懐の金子《きんす》であったが、たちまちに消えてゆく。どうしたものか。しかし、有り難いことに腕力だけは誰にも負けない。となれば力仕事で生きるしかない。

力士を廃業し、故郷に戻ってからは山林の伐り出し作業にかかわっていた。

五、六人がかりでもびくともしないという坂にあってさえ、男嶋はひとりで木材を押し上げた。また、丸太を川へ流して運ぶ「筏《いかだ》流し」では、筏が途中の岩などに引っかかって動かなくなることがある。そのようなとき、

「よっしゃ!」

と自ら浅瀬に下りていき、腰まで水につかりながらそれを捌いた。
すでに実家はなく、その後も農作業などを手伝いながら他家を転々と泊まりあるく生活が続いた。定まった住処を持たない男所帯、ましてや当時のことである。晩年、伝説の下半身も深酒をしては粗相失態を演ずることが多くなった。男嶋は村にいることもはばかられ、ついには北海道千島列島に流れ渡った。漁業や「筏流し」の仕事を求めての離郷であった。

男嶋は昭和十八年（一九四三）十二月一日、函館の病院で亡くなっている。没後、秋田市で追悼供養相撲が開催された。そのときの記念の墓標は出生の地・小川に運ばれた。

鳥海町の小高い丘につづく石段がある。両側には秋田杉が立ち並び、ひんやりとおごそかだ。一段一段、静けさのなかに入っていくようにして足をすすめ、登りきって鳥居をくぐると真正面に村社・川内神社がみえている。

切り離された世界のようだ。

力強く張られたしめ縄に両手をあわせてから、正面の板戸を開けてみた。鍵はかかっていない。畳の広間になっていた。

額が見える。ただひとつだけ掛けられている。写真には『前頭男嶋船造（川内村相撲協会）』

と記されていて、正装紋付の幕内力士には、りりしいほどに髷《まげ》が似あっている。画家・寺崎広業に贔屓《ひいき》にされ、また芸者衆にもおおいにモテた。明治に生まれた男がこの土地を出て、いかに頑張り、そして愛されたのかと思うと、熱いものがこみあげてくる。ことばを交わさずともわかりあえるというふうなおだやかな表情の、ありし日の雄姿である。

樹木に囲まれ、そこだけが明るい境内で、かつては村相撲が盛大に催されたという。再びわたしは目を閉じて深く息を吸いこんだ。両腕を左右に広げ、手のひらをかえし、相撲の型をなぞる。樹々の葉をわたるかすかな風が、はるかな日の賑わいになって聞こえる。土や草の湿りさえ、火照った肌には心地よかったことだろう。

男嶋の遺品はただ一本の褌《まわし》であった。相撲一筋に生きつつも、大木の朽ちるが如き一生だったといえようか。

三船敏郎。三船専造（男嶋船造）。俳優と力士。いずれにせよ、ただならぬ人物を輩出する土地柄のようだ。『七人の侍』の菊千代が、『羅生門』の多襄丸《たじょうまる》が、『酔いどれ天使』の松永がいまにもとび出てきそうな山岳風景。わたしの育った八郎湖畔とはずいぶん趣きの違う景色である。生きるに厳しい山の暮らしがあるのだろう。

標高二千二百三十六メートル。鳥海山を見上げて生きる人たちである。

長野新幹線「佐久平」駅で小海線に乗り換え、「中込」駅で降りる。東京から九十分ほどを要しただろうか。「ミフネ館」は長野県佐久市平賀にあった。

昭和二十一年、三船敏郎は父の生家・鳥海町三船本家へやって来た。そのとき着ていた洋服は、トシローさん自らが軍隊毛布を裁ち、縫ったものだという。

「これは自分で縫ったんだ」

トシローさんがそう云っていたと、本家のツヱさんが語ってくれた。

その洋服がこの「ミフネ館」にあるという。

それは黄金が鈍く光を発するような面持ちで、たしかに在った。三船敏郎手縫いの洋服上下――ハーフコートとズボンである。

手なぐさみの時代ではない。着るもののなかった戦後の状況がしのばれる。広げた軍隊毛布に自分の身体を横たえて採寸し、白墨で線を引き、縫いしろだけを残して裁った――

そんなふうにきいていたので整った仕上がりであることにまず驚いた。よく見ると、ベルト通しや刺し子ふうのステッチ飾り、ズボンには裏生地までついている。それにしてもこの丁寧さには目を見張る。一針一針が美しい。どんな想いを込めたものか。

三船敏郎　手製洋服
東宝ニューフェイス入社の頃、軍隊毛布
二枚を使って縫い上げました。
　寄贈　三船夫人

〝世界のミフネ〟誕生時の貴重な洋服――おまえははたしてミフネのその後を見通していたろうか。そんなことを想いながら、わたしは洋服の前に立ち尽くした。

自宅の白壁の蔵を「ミフネ館」に改築した佐藤袈裟孝《けさたか》氏（六十二歳）は、『太平洋の地獄』（Hell on The Pacific 一九六八）のパラオ・ロケ以来の二十年間、三船社長の側に仕えた小道具担当スタッフである。

芍薬の蕾の膨らみかけた、穏やかな春の日の午後であった。静まりかえった畳の部屋に座し、わたしたちは向きあっていた。奥さんが腕をふるってくれた本場の手打ち蕎麦を口に運びながら、佐藤氏のミフネとともに過ぎた月日が語られていく。

——最初にお手伝いした『太平洋の地獄』（CIRO製作）は第二次大戦末期、太平洋の孤島に漂着した米軍将校と日本軍人の、二人の確執を描いた異色作です。

そこでは二人だけの戦争である。水や食料を奪いあい、啀《いが》みあいを繰りかえすうち、そのことの無意味さに気づく。それからは協力して筏をつくって脱出するというもの。

相手役のアメリカ兵はリー・マーヴィン（Lee Marvin）でした。彼は身長が百九十一センチ、体重八十キロの巨躯でミフネさんの百七十センチよりはるかに大きいのですが、本篇（映画）では二人の身長差を感じません。ミフネさんの堂々たる迫力と存在感が、実物以上に本人を大きく見せているのです。

ミフネさんはそれまでも長い間、主役ばかりを演じています。常に主役を張ってきたという幅と重みがあるのです。リー・マーヴィンはいい役者ですが、それまでは脇役が多かった。その違いがありますね。

ミフネさんの吹き替え（スタンド・イン）は、田中浩が演《や》っています。田中の身長は百八十センチですが、その田中くらいの大きさの人が演ってちょうどいい。本人よりもひとまわり大きい背中があって、ようやくミフネの後姿になるんです。ミフネさんの存在感はさすがとしかいいようがありません。

ミフネさんは撮影現場に、決して台本を持ってきません。どんなに長いセリフでも、いつも完璧に覚えておられました。大変な撮影が続いた翌日であってもです。何十回、何百回と台本を繰りかえし読み直してセリフを覚えられるのでしょう。自分のものとして句読点まで正確に表現します。

『七人の侍』では、ミフネさんが初めて馬に乗るシーンがありました。ひそかに自分で馬を買って練習していたと聞いています。何事も自分でやれるようになるまで、ですね。けれど、そのようなそぶりは片鱗もみせません。

そうそう、『太平洋の地獄』の監督はジョン・ブアマン（John Boorman）でした。イギリス出身でまだ若く、というよりもお国柄の認識の違いが多々ありましてね。ミフネさんがブアマン監督から〈地団駄踏んで泣く〉という場面を求められたとき、

「大日本帝国軍人は泣かない。心のなかでしか泣かない」

と突っぱね、脚本を変えさせました。

「間違った日本人像は直さなければいけない」

と、ついに泣くことをしませんでした。

いかに国際的な権威（監督）であろうとも、です。屈しはしません。

あのときの撮影は本当に大変でした。ロケ中のチャーター船に対するスタッフの待遇問題がこじれて、遂にはストライキが起きたのです。また製作サイドからの入金が滞ったということもありました。それぞれが各部門のオーソリティでしたから個々に強い主張を持っています。ましてアメリカ人、イギリス人、中国人などの入り交じる作業ですから……それはそれは大変でした。

佐藤袈裟孝氏の話は、いずれも貴重なエピソードであった。後日、わたしはお礼の手紙を差しあげた。

――「ミフネ館」に展示して、いつくしむように偲ぶ御主人と奥様の魂に深く感動いたしております。

まるで黄金が渋く光を発しているように……その服は展示されてありました。〃世界のミフネ〃誕生以前のシンボル的な宝物ですが、人間の生涯というものを深く暗示させる「手縫いの服」だと思いました。浮かび上がる「朴訥」のイメージのまま、素直に「ミフネの真実」を語り伝えたい……そんな思いでいっぱいです。

組織と人間関係、不信と妄想、そしていらだち。手縫いの服に見る、ひたむきでシンプルな男の願いが大きくうねり展開しながら、誰の舵取りもかなわぬ渦に巻かれていく……「時代」。一途な映画人たちが珠玉のような作品を数々産み残し、しかし長くは続くことのなかった歴史のめぐりあわせ。ひとりの名優の生涯にこめられた多様な喜びと哀しみ。……みな、人間くさい。ドラマチックだ！　名作の展開要素どおり、ですかね……。そんな「真実」を表現できれば……と願っています。

また中込へ訪ねて行きたいと思います。わが家へもいらしてください。

昭和五十五年（一九八〇）、アメリカ・パラマウントＴＶ製作・映画『将軍』でのことを、ミフネは次のように語る。

――我々が考えているほど、彼らは日本人のことを知らないんです。将軍と天皇の区別がつかない。将軍に〈コンニチワ〉と現代語でいわせようとする。〈ハイ、イイエ、ワカリマセン〉などとも。

「コンニチワ、ワカリマシタカ、アンジンサーン」なんて、俺は将軍として云えないといったんです。「分かったか」でいいんだ。〈ワカリマシタカ〉は現代語だ。当時、そんな言葉はないってね。そういう言葉のことでもめちゃって、一晩中、撮影にならなかったことがありました。

そういう説明を一生懸命しても、どうしても〈ワカリマシタカ〉と云え、という。「将軍は〈ワカリマシタカ〉というような現代語は使わない」と、頑として云わなかった。日本人として出演している場合は、多くの日本の方もあとで見るわけですからね。日本人としてこんなことは考えられない、日本人に観られて恥ずかしいというようなことは出来ません。それをはっきり申し入れます。しょっちゅう現場でもめますけどね。(3)


また、アメリカでの撮影中、日本人同士の会話が英語になっていたことがあった。

「黙っていると彼らはとんでもないものをつくる」

とミフネは憤慨し、その外国人監督にかけあい、日本人同士の会話の部分をすべて日本語に直させた。

当時、〝サムライ・ミフネ〟は海外に定着しており、日本人の代表としての〝サムライ〟精神を貫くためにも、決して譲れぬものがあった。幼いころ大連で父・徳造が繰りかえし教えてくれた〈日本人であること〉の誇りと一体をなすものでもあった。


――『太平洋の地獄』のジョン・ブアマン監督は兵隊の経験がないんです。リー・マーヴィンは海兵隊の経験があるんですね。こっちも兵隊あがりだし、お互い話は合いました。最初は向こうが航空隊の少佐で、こっちが海軍の兵曹だったんですよ。そうすると階級に差が出来てしまう。昔、満州にいたとき、親父から、軍人は国が違っても上官に対しては敬礼しなければならない、と聞いてましたから、同列同級にせいと強く要求して。向こうは大尉に降格、こちらは大尉に昇格。そのような設定に変えました。(3)

十七年間で十六本の映画をともにし、日本映画の黄金期をつくりあげたクロサワとミフネであったが、必ずしも和気あいあいの状態で映画を撮っていたわけではなかった。

ミフネの最大の才能は、「すぐれたリアクション」ではあるまいか。同業のひとりとしてそう思う。黒澤監督の、演技に対する微妙な要求を即座にキャッチし、理解し、それに形をつけて展開してみせる。

「何くそ！　この演技でどうだ。有無をいわせないぞ」

その気力と意地が俳優ミフネの演技に磨きをかけ、嘘の芝居を嫌った黒澤演出に必要以上に応えていく。それが次々に名作を生んだ背景であろう。

二人の緊張関係を示すエピソードには事欠かない。

戦時中、航空機の風洞実験に用いられたという巨大な扇風機が、（それは飛行機のエンジンで造られている）濛々たる砂埃を吹き飛ばし、舞いあがらせている。映画『用心棒』のオープンセットである。

その砂ぼこりには細かな石やセメントの粒が混ぜられていて、とても目など開けていられる状態ではない。が、黒澤天皇は絶叫する。

「目を開けろ！　つぶるんじゃない！」

全員が必死に目を開き、撮影はつづけられる。

そんなときミフネがボソッとひとりごと。

「瞼《まぶた》は何のためにあるんだ」

この意地と芯のやわらかさがミフネの真骨頂といっていい。

が、出来上がった映画《シャシン》を見て驚いた。そのシーンには人間の姿が米粒くらいにしか写っていなかったのだ。

またあるとき、雨のシーンで、「軒先からおちる雨垂落――しずく穴がない」という理由で撮影は中止になった。あわてたスタッフはホースで屋根に散水し、雨だれが落ちるところ――樋の下に窪みをつくった。しかしこれとて、画面に写っているわけではなかった。

そこまでやらなくても映画《シャシン》は出来る。しかし、リアリティを極めることによってディテール（細部）はより本物らしさを増していく。いのちのような思いが吹きこまれると奇跡が起こる。本物になる。それが映画界屈指の、妥協を一切許さぬ完璧主義の黒澤美学である。

実際に、物を創る人間で、それがどのようなものであるとしても、完璧主義でない創り手などいるだろうか。

そして云う。

「映画というのは夢工場でもあるからね」

それはかつて、山本嘉次郎監督の助監督をしているときに学んだことでもあった。


ミフネは朝早いことで有名だが、あるとき道路事情か何かで撮影所入りが遅れてしまった。すかさず黒澤天皇の皮肉がとぶ。

「十年早いよ」

以来、ミフネは遅刻をしていない。誰よりも早く床山《とこやま》の鏡の前に座り、きっちり一時間前にはメイク・衣裳の支度を終える。それからその日のセリフを反芻し、心を鎮める。自分の出番を待ちながら、役柄になりきっていく。付き人もマネジャーも連れてこない。

東宝映画『ならず者』（一九五六）では、流れ者の木こり役である。伐採作業をしながら、ミフネは主題歌「山の男の唄」⑷を唄っている。

筏《いかだ》のままよ　流れはきつい
棹さしゃままよ　しぶきがかかる
崖の白百合　娘の匂い
崖の白百合　娘の匂い

旅ゆきゃままよ　泪がにじむ
一人でままよ　茶碗の酒に
夕べの夢の　はかない想い
夕べの夢の　はかない想い

（JASRAC 許諾 No.2008534-001）

「役者が歌なんか唄うんじゃない！」
黒澤のそのひとことで歌もそれっきり。その一曲を残したのみだ。二度とミフネは唄おうとしなかった。男同士とはそういうものか。厳しくも切ない「頑固さ」である。

第三章　黒澤一族（中仙町）黒澤明監督

　秋田県中仙町は、三船本家のある鳥海町から車で二時間ほどの距離にある。ＪＲ秋田新幹線「角館駅」から七キロ。仙北平野の東、ここには米どころ秋田を象徴するような豊かな田園風景が広がる。

「黒澤監督の映画『夢』をご覧になりましたか。そうですか。あの第一話〈日照り雨〉と第八話〈水車のある村〉の舞台はここです。いえ、ロケをした場所ということではなく、黒澤監督の実体験、記憶のなかの舞台です」

　案内をしてくれた中仙町役場・高畑清氏の最初の挨拶だった。

　黒澤家のすぐ隣は水《すい》神社で、境内には巨きな杉木立が整然と立ち並ぶ。

「延宝七年（一六七九）に植えられたものもあります。四本は天然記念物です」

　そして、

「戦争中、ここの杉もかなり伐られてしまいましてね」

云われてみれば、ところどころの大きな切り株はそのときのものなのだろう。全体をみることなど叶わぬしいんとした枝ぶりは陽をさえぎっていて、昼なおうす暗い。それでもところどころに、枝の隙間をすりぬけた陽差しが繊細な斑模様をみせている。斑模様の参道を社殿に向かって進んで行くと、映画『夢』の第一話、〈日照り雨〉の狐が嫁入りしていく奇妙な行列がよみがえる。見てはいけないと母にいわれていた狐たちの貌《かお》、妖しいといわれるものの美しさ。魂のように響く不思議な雅楽。あの行列はここを通っていったのだった。

豊川観音堂・水神社には、県内で唯一の国宝に指定されている古鏡が祀られている。それは「線刻千手観音等鏡像」といわれるもので、青銅製のその鏡面には精巧な毛彫り仏像が施されている。今から千百年ほど前の、平安時代前期の作という。平泉に花ひらいた奥州藤原三代の黄金文化ともどこかで繋がっているのだろう。絢爛豪華な雅びと静けさ。あの狐たちの行列もまた。

話はそれるが、平泉と鳥海町との繋がりを、やはりここで記しておきたい。

――天正二十一年（七四九）二月、陸奥国小田郡から朝廷に対して黄金九百両の献上があった。折しも奈良東大寺の大仏鋳造の時であった。聖武天皇はおおいに喜ばれ、これは如来の感応によるものとして、四月には年号を「天平感宝」と改元した。それからというもの東北は「黄金花咲く」地として知られることになる。
東北全土を席捲していた藤原氏はその黄金を使い、平泉に黄金楽土の文化を創成。伝えによれば、当時、鳥海町・笹子《じねご》の姥井戸と小易内金山は産金の山として著名であり、ここから平泉に運ばれていたという。
資料によれば、笹子の姥井戸金山は、
〈明治三年（一八七〇）に休山〉
とある。鎌倉時代初期より採掘されている、とすれば、約八百年の永きにわたり金山としての役割を持続してきた。特に、
〈鎌倉時代から戦国時代の末ごろにかけての黄金・産金額が最も多かった〉

さて、中仙町豊川に戻ろう。

映画『夢』〈日照り雨〉の原風景である水神社を出てまもなくのところに、樹々の繁みに囲まれた小さな沼がある。

そこの道には——わたしは驚いてしまったのだが——第八話〈水車のある村〉で、紅い着物の童子《わらべ》たちがそれぞれに野辺の花を手向けていたあの大きな丸い石……。

映画のなかで百三歳の老人が、

「村の者はあの石のところを通るとき、理由も知らずに花を載せていく」

と語ったその石が――それと全く同じものが二、三、春の草をしたがえて在る。

石はわたしの腰よりも高さがあり、どっしりしている。「…無阿弥…」と彫字された称号が読めるものもある。なんとわかりやすい映画の風景だろう。戊辰の役のとき、そこで死んだ侍を――他国から来たであろう侍を、村人はその場所に埋めて弔った。そこを通りすぎるときの折々に道端《かたわら》の花を手向けた。

戊辰の役（一八六八・明治元年一月〜二年五月）から連綿とつづく日常だという。

映像シーンは意図されたものではなく、あれは暮らしそのままなのだ。深い信仰が受けつがれている。わたしは感動し、足元に咲いているタンポポの、いちばん綺麗な黄色を手折った。石のうえに鎮《しず》かに載せた。

笠智衆さん扮する百三歳の老人は、

「生きるのは苦しいとかなんとか云うけれど、それは人間の気どりでね。正直、生きているのはいいもんだよ。とても面白い！」

これは豊川の古老がつぶやいていたのを、少年の日に聞いたものだ。

さらに知ったことだが、第二話の〈桃畑〉は、十六歳という若さで他界した小姉《ちいねえ》ちゃん・

百代《ももよ》さんがイメージされているという。

旧家に伝わる内裏雛《だいりびな》は怖いほどに生々しくも美しい。その雛壇の前に座った明少年に、百代姉さんはままごとのようなお膳を出して、白酒をほんの少し飲ませてくれた。緋毛氈に並んでいる雛たちと向かいあった春の日は絢爛なわが現実である。百代姉さんもまたそこにいた。映画のシーンの重厚な家屋――黒びかりのする板戸は、秋田の黒澤本家のかつての間取りそのままだった。

昭和二十年（一九四五）五月二十一日、黒澤明は『一番美しく』に主演した女優・矢口陽子（一九二一年生まれ）と結婚した。

華燭の典は明治記念館で行われたが、式の最中に空襲警報がきこえるような時代であった。結婚後、

――秋田の、父と母が疎開している家に着いたのは真夜中だったが、どんどん大戸を叩く私を、父と母の世話をするために一緒に疎開していた姉の種代が、大戸の隙間から見て、明だと叫んだ……

東京へ帰るとき、私は父にリュックサック一杯の米を背負わされた。妊娠している嫁にせめて米を食べさせたい、という父の気持ちであった。(5)

十二月二十日には長男・久雄が生まれている。


さて、女優・矢口陽子に結婚を申し込んだときのことを記しておきたい。

申し込んだ後に、矢口宛てに悪口の手紙が届いた、束になるほど。

なんということであろう、それは結婚の仲立ちを引き受けていた男からのものだった。

黒澤は云う。

「悪口をいう人間と、その人間を信用して悪口を云われている人間と、どちらを信用するのか」

人のこころのなかにひそむ何か、得体の知れぬもの。そのことでもまた、〈ヒューマン〉ということがテーマになっていくのだろうか。


黒澤一族の里・中仙町豊川。

わたしが訪ねたのは平成十年（一九九八）五月五日。

風かおる空に大きな鯉が泳いでいた。

役場の課長さんだったという黒澤家当主の茂雄さんは亡くなっていて（享年七十五）、その日は納骨の翌日だった。明巨匠とよく似た遺影である。黒澤明の父・勇氏はここで生まれた。

黒澤家は士族である。平安中期の陸奥の豪族・阿倍一族――武将・安倍貞任《あべのさだとう》の三男・黒澤尻三郎を祖としている。わたしが目にした『黒澤氏系図』には、「前九年の役にて死せる安倍貞任……」そして「後世に及びて黒澤氏に改む」と墨書されていた。大地主でもある。

町はずれの、木立ちに囲まれた黒澤家の墓所に詣でたとき、監督の父・勇氏の墓前にはうす紫のシャガの花が添えられていた。

墓石にはこう刻まれている。

「奉祀　黒澤勇翁
　　　　室シマ刀自　　　霊神　」
「勇　翁　昭和二十三年二月八日卒　行年八十四才」
「シマ刀自　昭和二十七年十一月四日卒　行年八十三才」

隣町・角館町白岩の親類も、巨匠とまるでそっくり。

その村田重次さん（六十八歳）は、祖父が黒澤監督のお父さん（勇氏）と兄弟である。監督の自宅を何度となく訪れている。

「東京で監督と会ったとき、昭和五十三年ごろでしたが、お互いの耳の穴をじっくりと、それはそれは観察しあいました。耳が大きく、毛がびっしりと生えていたので、やっぱり親類だ。血は争えない、と、ふたりで大笑いしたのですよ」

ここには永い冬がある。身の丈よりも深い雪に埋もれる暮らしがある。しんしんと夜を徹して降り積む雪は、いやおうなしに人々の夢を織る。

巨匠の父・勇は若いとき、青雲の志を抱いて豊川から東京まで歩いて出たという。茂雄さんの未亡人・タエ子さんが教えてくれた。

「歩いてですか？」

思わず問いかえすわたし。急ぎの足でも二週間はかかったであろう。

ここはまた、川の流れに添う町でもある。

斉内川《さいないがわ》――中学三年の夏休みの間じゅうを父の故郷である秋田の実家にあずけられた明少年が、その毎日を遊んだ川だ。朝ごはんを食べ終わるころになると、きまって明少年を迎えに来る子がいる。二人は重箱と鉄鍋を持たされて家を出る。塗りの重箱に入っているのは、昼と夜の二食分、二人前のごはんと漬物と味噌。

「魚を獲っておかずにしろ」

勇は末っ子の明を、秋田の地で、自然のなかで丈夫に育てたかった。

タエ子さんは云う。

「そんな夏休み、監督（明少年）は、地元の子供たちの後ろをついて野山を駆けまわったり、まだ幼かった夫（茂雄氏）を連れて、山や川べりにスケッチに行ったそうです」

一級河川・斉内川はなにしろ広い。川巾の向こうには木立が豊かにつづき、さらに向こうの遥かには奥羽山脈が空いろをして連なっている。水量が少なくなる夏のころにもなると流れの脇に、川底のところどころに水たまりが——魚の泳ぐ天然のプールがあちらこちらに現われる。少し前までは、子供たちの恰好の遊び場になっていた。監督はその著書(5)で、「川は底まで透明で泳ぐ魚がはっきりわかる。釣れる魚はたいてい鮒か鯉。それに野蒜《のびる》などの山菜を加え、味噌をつけての貝焼《かやき》鍋はことのほか旨かった」

と回想している。

監督の過ごした当時、あるいは流れがわずかに違っていたのかもしれない。

そんなある日、明少年は滝を見つけた。その滝壷に落ちたこともある。晩年演出の『八月の狂詩曲』（一九九一）の滝壷のシーンは、そんな抱返《だきかえ》り渓谷の思い出が撮らせたものだ。

抱返り渓谷は、豊川からはやや離れた位置にある。田沢湖・玉川を源流とする流れで、驚くほどに真っ青だ。案内板には「碧水の水面」と記されている。

かつては毒水とよばれていた。抱返りという名前の由来はいくつかあって、その第一は、原生林の崖の道は狭く、行き交う人はお互いを抱くようにしてすれちがった。

もう一説は、平安後期、源義家が安倍氏を奇襲するために（後三年の役）この渓谷を進軍することになった。水量の豊かな激しい流れ——それは怖しいばかりの流れである。それに加えて、険しく切り立った崖。

現在の整備された道でさえ……

雨がようやくあがったときであった。垂直の崖のうえからは細かな石の混じる砂粒がときおりにころがってくる。反対側の、真っ青の大きな流れと深い谷が足下のその手すり（ガードレール）には【触るな 危険】の文字が読めた。足下の谷をのぞいた。落下した新旧の手すりがそのまま在った。

そしてなんということであろう。手すりのあるすぐ下までがえぐられていて、やっとのことでせりだしている。厚みをもたぬ皮一枚だ。わたしは目眩《めまい》におそわれた。

——さて、義家は武運を祈り懐に守り神をしのばせた。戦いは勝ち、義家は守り神を奉納、神社は抱返《だきかえり》神社と命名された。

明少年の一番の親友は、前述した村田重次氏の父だった。

村田氏は、監督に初めて会ったときにいわれた。

「君のおやじさんが僕の水泳の先生だったんだよ」

一緒に遊びながら、この抱返り渓谷で明少年は泳ぎを教えてもらった。トルコ石よりも濃く青い水の色はここだけのもの。他ではみられない。楽しかった日々の記憶だ。

前述の著書には、

「私はこの年（注・一九八四年）まで、赤ン坊の時から、ちょうど六回、秋田の父の村へ行っている」

子どもたちの笑い声まできこえるようだ。夏のひかりよりもかがやいている。

創作の道を選んだものにとっては、ありし日もまた生きている。深く内側に息づいている。

監督は、

「創造は記憶ですね。自分の経験や記憶に残っていることが足がかりになって、何かが創れる」

とコメントしている。(6)

黒澤明は明治四十三年（一九一〇）三月二十三日、東京府荏原郡大井村（現・品川区）に父・勇（四十五歳）、母・シマ（四十歳）の四男四女の末っ子として生まれた。父は陸軍戸山学校の第一期生で、卒業後は陸軍の体育の教官をしている。明が生まれたころは私立荏原中学の理事職にあり、またわが国初の水泳プールを造るなどスポーツ振興に関わっていた。

明は六歳になった四月、森村学園付属幼稚園に入園。翌年には森村学園尋常小学校に入学している。校舎は白いペンキを塗った洋館で、制服は――折り返し襟でランドセル、そして靴をはいていた。兄・丙午と通学していた。

八歳になったとき、家が小石川に移転したため、明は黒田尋常小学校に転校している。この校舎は兵営のような建物で、イガグリ頭、着物の生徒も多かった。袴をつけて下駄ばきだ。ズックの鞄をさげている。坊ちゃん刈り、洋服姿の明少年はとまどっている。

黒澤明は級長だった。『酔いどれ天使』の脚本を共に書いた植草圭之助は同級生で、彼は副級長だった。そのときの担任は立川精治という先生で、大正初年当時としては斬新な、自由で創造的な教育に取り組んでいた。生徒一人ひとりの個性を見守ってくれていた。明少年はこの先生から絵を描く愉しさを学んだという。

黒澤明のこだわりは納豆である。

ずいぶん前のことになるが、東京にある秋田料理店で食事をしたとき、そこのおやじさんにこう訊いている。

「子供のころ食べた秋田の納豆は旨かったなあ。あれはどこでつくってたんだろうねえ？」

かつて、夏休みの日々を過ごした父の実家・豊川で食べた朝ごはん、あの納豆は？

「それなら、角館《かくのだて》納豆に決まってる。今でもじいさんとばあさんが昔のまんまにこしらえている」

黒澤監督は早速その連絡先を教えてもらい、電話をかけた。が、電話の向こうの秋田訛りはどうにもわからぬ。それでもなんとか住所を教えてもらい、現金書留で注文した。納豆は昔ながらの美味しさで、それからは定期的に取りよせるようになった。

監督はいう。

「納豆に刻みネギや海苔、辛子やたれを入れるのは邪道だよ。卵などもってのほか、美味しさがだいなしになる。醤油だけ、というのがいいんだよ」

器に入れて、ひとりが納豆をかき混ぜる。つづけていると、ねばりのなかに空気が入る。ふんわりしてくる。その間合いをみながら、もうひとりが醤油をたらす。そうすると醤油の風味が生きてきて納豆の旨味が冴える。あくまでもかき混ぜているときに、というのが秘訣なので、黒澤家で納豆を混ぜるときは二人一緒にということになる。ストイックなまでの姿勢をつらぬいていた。

秋田では納豆をつくるとき、大豆を一度煎ってから茹でるので、香ばしい香りがのこる。この角館納豆には〈丸大豆〉と〈挽き割り〉の二種類があり、いずれも藁づとに包まれている。監督が好んだのは、朱色に白ヌキ文字のパッケージの〈挽き割り納豆〉のほうであった。

第四章　由視さんの話

トシロー叔父さんを頼って上京した三船本家の長女・由視《ゆみ》さん（秋田市在住）が、ミフネの意外な一面を語ってくれた。

東京の看護学校に通っていたとき、トシロー叔父さんの家にお世話になっていました。土曜日と日曜日には三船プロダクションの喫茶室「トリッセン・ティールーム」を手伝って……そこでアルバイトしてました。

叔父さんはいっつも働いてました。毎日、夜遅くなってから帰ってきます。でも、朝わたしが起き出そうとするころには、「いってらっしゃいませ」と家の人が玄関で送り出す声がして……叔父さんはもう出かけていました。めったに会えなかったけれど、それでもたまに顔を合わせたときは、

「由視ちゃん、仕事が忙しくてごめんね。何でも食べていいから。冷蔵庫を開けて、好きなの食べなさい」

と、優しく気遣かってくれました。

そんなあるとき、先祖の話になりました。

そしていきなり、

「お前は何も知らないのか？　それはよくない」

それから、

「十一代が三船佐造、十二代が順貞、十三代が帆平……」

と、代々の名前を並べ、教えてくれたのです。

実家の仏壇のある部屋には、爺さんや曾爺さんの写真が飾ってあったけど、それはいつも眺めてただけで、年代など詳しいことまでは……。中国で生まれてそこで育ったという叔父さんが、どうしてあんなに先祖のことを強く云うのだろうと、そのときは不思議でした。きっとお父さんから、秋田のことや自分のルーツを聞かされていたんでしょうね。

そうそう、トシロー叔父さんはこうも云ってくれたのですよ。

「勉強したいなら、云いなさい。学校に入れてあげるよ」

由視さんの父、十五代当主・三船哲朗は昭和五十二年（一九七七）三月二十五日、喉頭癌で亡くなっている。享年六十一。ミフネより四歳年上である。だから、「ミフネに似ている」といわれるたびに、「あっちの方がおれに似てるんだ」と、訂正にこれつとめていたという。

酒豪の村会議員だった。やがて議長に。会議が白熱すると、村長をどやしつけることもあったという。

ツヱさんが云う。

「呑めば呑むほどお酒が欲しくなるんです。呑ん兵衛ってそんなもんですかね」

秋田高校卒。わたしの先輩である。

「主人は秋田市の病院に入院してたけど、トシローさんが心配して、『東京の病院に寄こしなさい。きっと治るから』って。何度も電話くれました。でも、主人は秋田でいいと云って移ることはしませんでした。杏林大学病院ですか……トシローさんの亡くなったところですね。そうそう、昭和三十四年、あのときわたしと一緒に東京に招待された弘喜（哲朗の弟）も、大学時代はトシローさんの家に下宿をさせてもらったんですよ」

「鳥海町史」

ある日、ミフネの許《もと》に鳥海町役場から『鳥海町史』（昭和六十年発行）が贈られてきた。常盤緑に金文字の装幀、辞書のようなその大部（千八百ページ）の一冊は、ミフネに先祖のこと、血脈のこと、血脈の地の歴史を今更ながら深く思い起こさせた。ミフネは巻頭から巻末まで、三船家に関する部分には黄色い付箋を挟み、また書き込みやマーキングをしながら精読した。やがて町長宛に直筆の書簡が届いた。

拝啓
益々御清祥のこととお慶び申し上げます。
先般は鳥海町史を御恵送賜り、有難く厚く御礼申し上げます。
三船佐造、順貞、また哲朗没後、由裕が継いでおります小川の建物の記録も収録されており、懐かしく拝見いたしました。三村合併三十周年、町制五周年を記念しての刊行とのことですが、資料の収集調査等、編纂委員の方々には大変な御苦労があったことと拝察いたします。何卒これからも豊かな町づくり、郷土の発展の為、一層の御活躍を心からお祈りいたします。

先ずは右取敢えず御礼のみ申し上げます。

敬具

二月三日

三船敏郎拝

高橋荘助町長殿

ミフネは先祖たちが守り継いで来た足跡のひとつひとつを、そのページページに丹念にたどりながら、わが血脈の歴史のことや、父親の生まれ育った本家を懐かしんでいたのだった。

三船家はもともと大地主であり、漢方医を家業とする旧家であった。米蔵《こめぐら》や文庫蔵《ぐら》、それに蒲団蔵《ふとんぐら》などの土蔵を備えた本家屋敷。本屋は座敷中門と馬屋中門を突き出した両中門造りである。座敷中門は上客のための玄関であり、玄関脇には「供部屋」がしつらえてある。その名の通り、賓客の付き人のためにのみ用意された部屋である。また馬屋中門の間口は五、五間（約十メートル）の広さを誇る。

「部屋境に幅広の差鴨居を多用したわが国の民家の発達史上において、技法及び意匠的にも最も傑出した時代の代表作ともいえる」

このように評される現在の建物は明治十五年に建てかえられたもの。以前の建物は火災によって焼失しているが、規模としては現在のものと変わらない。

そのような家で、父・徳造はどんなふうに暮らしたものか。幼いころ、兄弟たちはその広い屋敷を、しかしそこを狭しと走りまわって遊んだことであったろう。

父・徳造は、自分を育くんでくれた秋田の、その山峡に昼となく夜となく降りつづく雪を、――敏郎よ、音のない雪ほど、よりいっそうに積もるものだよ……。深いがゆえの温かさ、その清《すが》さ。陽《ひ》を受けたとき、雪はこのうえもなく眩しいものだ。そうして春は、待ちのぞんでいた春は、待ちのぞんでいた勢いではじまっていく……。

息子・敏郎にきかせていたか。

父・ミフネが書斎でひとり、町史のページをめくりながらその父・徳造や祖先に想いを馳せていたことを、息子・史郎は没後に知った。


「日本を観てこい」

突然、トシロー叔父さんに先祖のことで叱られたとき、秋田娘は思った。

「爺さんや曾爺さんのことナンも知らねからって、あんなにムキになって怒らなくても……」

しかし、ミフネの思いはまた別のところにあった。

「先祖を大切に思え。先祖に恥じる行いをするな」

この言葉は、遥かな異郷・中国の地で日々をおくる父・徳造が、長男・敏郎に繰りかえし説いてきかせた自らの「座右の銘」であり、息子に託す強い願いでもあった。

三船徳造は明治四年（一八七一）十月二十六日、秋田縣由利郡川内村小川五十七番地（現・由利本荘市鳥海町）の漢方医・三船順貞の三男として生まれた。中国入国は明治四十一年（一九〇八）十二月十日、と「清国総領事記録」に記載されている。三十七歳であった。

徳造の起業した三船写真館は繁盛している。大連・奉天・天津・山海関など中国各地に支店を構え、大勢の使用人を雇っていた。しかし、日本統治という不安定。政治的な事情もあって青島から大連へ一家は移った。仕事の規模も縮小されている。

やがて、旧制大連中学を卒業した長男・敏郎は家業を手伝うようになった。

身体の弱くなりつつあった徳造が云った。

「敏郎、ニッポンを観てこい」

父から手渡された百圓を握りしめ、十九歳の敏郎はひとり、日本の地を踏んだ。

地元では三船本家のことを、いまなお「順貞の家」という。屋号のほうがわかりやすい。

ミフネは回想している。

「兵隊に行ったら死ぬものだと思っていましたから。大連から三日くらいで神戸の港に入りました。片道十六円ぐらいでしたよ。当時、大阪商船のいい船がありましてね。神戸に上陸したとき、六甲の山並みがすぐ港のところに重なっているでしょう。箱庭のようにかわいらしくみえました。家々も小さく感じられて……ね。大連はモダンな近代都市でしたから」(7)

それから敏郎は父の故郷・秋田まで行き、そこで一カ月近くを過ごしている。前述のツヱさんが本家に嫁入りしてくる前のことだが、ミフネにとっては鮮烈な日本体験であった。

秋田は米どころ酒どころである。が、秋田衆は美味しいお酒を他県に出さない。それは地元の人たちが真っ先に呑む。どのような暮らし向きの家であろうと、晩酌のお膳に日本酒を欠くことはまずありえない。集まりごとの席では一升瓶から話がはじまる。しかし、会合が長引いたからといってお酒の勢いが衰えることはなく、その間じゅうコップはお酒で満たされている。

雪を含んだ雲が低く垂れこめた長く厳しい冬の季節——かつて、降雪量も多く、道すらも雪で閉ざされていた当時は――湯呑み茶碗に注いだ一杯で身体を温め、それから吹雪のなかへ飛びだしていく。それはもはや嗜好品というよりも、生きていく糧、必需品といってもよかった。

したがって酒量もおびただしい。「男は二、三升呑んで一人前」である。のちの酒豪ミフネもこのときばかりは肝をつぶしたに違いない。

黒澤明と三船敏郎に共通することだが、母についての思い出話が少ない。父から息子へ……旧家にありがちな父系の伝統でもあろうか。家紋にこめたそれぞれの本家。オンチャ（次、三男）の踏ん張りとその息子の開花。世界のクロサワとミフネをそれぞれに倅《せがれ》と呼ぶ男――黒澤勇と三船徳造。そこには豪雪に耐えた「秋田の男」の底力がある。

あるテレビドラマの撮影現場で、わたしが、「ミフネ、クロサワの原点は秋田にある」と熱弁をふるっていたところ、いかりや長介さんに「號ちゃんは故郷を愛しているんだねえ」と、しみじみ云われた。

敷地内の墓所と学校

前述の、叶さんの本家の嘉穀夫人・孝子《こうこ》さんが、三船本家敷地界隈を案内してくれた。

三船本家の建つ目のまえは笹子《じねご》川であるが、背後は標高六百メートルの背梁――山の尾根である。三船家累代の墓地はその坂道を登ってまもない一画。新緑の木立を背にして立つと、向こうには笹子川の広がりが、やや右手足下には本家の入母屋破風の萱葺き屋根が陽をおだやかに受けている。

冬を越した落葉が道の両端に吹きよせられた急勾配の坂道をさらに登っていくと、「明るくたくましく　小川小学校」と、のびやかな筆跡で横書された門柱が左手にある。葉を広げた蕗と下草に覆われているが、その前を横切るようにして、かつて人がとおったような細道がある。

「ここは先生たちが、ね。職員室につながってたの」

歩いてきた坂道をそのまま登ると、突然明るい空間だ。グラウンドのような広がりと、低い草の繁った一面。良く見ると草だけではない。黄色の喇叭水仙《らっぱすいせん》のひと群れが、陽の当たる方向に花を向けている。きりりとりりしい。

そして赤い消火栓。少し離れたところには、

「記念・小川小学校跡地之碑」

少し前までは児童が通っていたという。

「……懐かしい」

案内の孝子さんはつぶやく。

「ここには小学校、そっちには中学校が。そのまんなかは体育館になっていた。体育館は両方で使って、ね。小学校の横にはブランコと鉄棒。中学校の後ろには流れがあって、小さな池につながっていた。サンショウウオが棲んでいたから、それはそれはきれいな水で……。サンショウウオの卵も見ました。

ああ、それからこの大木は記念に植えた樅《もみ》の木。向こうには宿舎棟と薪《たきぎ》小屋があって……。授業は複式でした」

学校からみあげる背後の山の高台には白木の鳥居があって、蒼い屋根の小さな社《やしろ》には天神様が奉られている。村の大工さんの手によるという。祈らねばならない暮らしとはどのようなものであったのだろう。

この地域は想像を超える雪に閉ざされる。四月下旬、苗代をはじめるという時期になってもまだ大量の雪が残っていて、除雪作業をすることもある。冬季間——雪の積もりはじめる

十二月から春の兆しの三月までは、両親の家から離れ、学校に寄宿する児童もいた。

「冬期宿舎には十五、六人が泊まっていたの。この山を越えてくる村木集落や酢々内集落の児童たち。小学校四年生から中学三年生までの……。みんな家族のようでね」

「小学校一年生から三年生は？」

「村木集落には冬季分校があったから、三年生まではそこに通って……」

この小川小学校及び川内中学校小川分校用地は、三船家十三代当主帆平の寄贈によるというから、三船家所有の敷地内にある学校と墓所ということになる。


小学校跡につづく坂道の途中の三船一族の墓地に初めて案内されたとき――

それは初夏であった。眺めのいい一画には、すっきりした花の形のノハナショウブが整然と植えられていて、澄んだ空の青をバックにひときわ濃い紫を流していた。この花は、現在の当主・由裕の父、ツヱさんのご主人であった十五代・哲朗が、ことのほか愛でた花であるという。

かつては土葬だった。足を踏み入れたら、そこだけ窪んでしまうだろう、いや確かに窪んでしまった一画もある。

墓は一人一塔。それぞれに「三船佐造翁命」「三船順貞翁命」「三船帆平翁命」と刻まれていて、帆平・徳造兄弟の末弟、六男・勇太郎の小さな墓もある。

勇太郎は二十五歳のとき、「明治四拾四年（一九一一）七月拾九日、清国営口新市ニ於テ死亡」している。写真技術修行中の病死であった。兄の徳造が中国へ渡ったのは明治四十一年だから、徳造に呼ばれて大陸に渡るも、夢を実現する間もないままに散ったものと思われる。

昭和四十四年、三船本家で宴が催された翌日もミフネはここを訪れている。そのときの写真（口絵写真・三船本家墓前）では、白い大きな山百合が花をゆらす墓前、白い半袖開衿シャツのミフネが本家の長女・由視さんと並んで、お線香を手向けるべく右手を伸ばしている。暑い日だった。モノクロ写真の陰影はくっきりしている。二人の背後の、その足下には本家の屋根がいまとおなじにみえている。

帆平、徳造兄弟が母・ミツヱを挟んで撮影した記念写真（口絵・家族写真）がある。明治三十八年（一九〇五）十月二十日の日付だから、帆平三十八歳、徳造三十四歳。徳造が中国へ渡る三年前だ。

徳造はシルクハットに金縁メガネ。三ツ揃いの洋装――フロックコートに金鎖の懐中時計、蝶ネクタイをしている。髭を整え、左手を椅子の背に、右手はズボンのポケットに入れた立ち姿である。

帆平は丸刈り頭に丸縁の黒メガネ。紋付羽織姿でポーズはなんと横向きである。洒落の美学であろうか、わたしは唸ってしまった。夢のような写真であり、不思議な兄弟である。母・ミツヱはキリッとした男顔、いわゆるミフネ顔である。藩医・順貞を婿にして、九人の子を生した三船ミツヱ。敏郎は孫である。

昭和十九年、滋賀県八日市の航空隊に配属されていたミフネは戦友の遺骨を抱いて汽車に乗り、秋田県大館市に住んでいる遺族のもとに届けている。八日市からは遥かな地である。戦友の最期の様子を伝えることは、友の無念を伝えることでもあったろう。云うべきことは山ほどにある……。

その足で鳥海町の三船本家に立ち寄っている。

その日、祖母・ミツヱは家に入ってきた男があまりにも哲朗の顔とそっくりなので、ひどくびっくりした。軍隊に行っているはずの哲朗が、今頃、何の理由で帰ってきたか。とっさのことで、

「何しに来た?」

と尋ねてしまった。

敏郎の父・徳造は、少年期にはかなりの勉強好きになっていた。米蔵《こめぐら》と並んで文庫蔵《ぐら》、布団蔵《ふとんぐら》が建つ屋敷である。戸外に出ることのかなわぬ吹雪の日など土蔵のなかで一日が過ぎることもあったろう。何気なく手にした一冊の、その表題だけでは想像しえなかった大きな世界が驚きを連れてくる。活字がひとりでに立ちあがって空想が自由にはばたく、そんな世界を知ったのだろう。夜遅くまでランプを灯しては父・順貞に叱られていた。石油の貴重な時代ではあった、が、それだけではない。ついうとうとと睡魔に襲われることがある。ランプの下での居眠りは禁物だ。そのような失火は往々にある。やがて徳造は独立心の強い、雄々しい男に成長していった。

十三代当主・帆平（徳造の兄）は、由利郡会議員を務めていたが、それ以前の明治二十六年十一月から翌二十七年十二月までは川内村第二代村長に就いている。村制施行で地方自治体として出発した数年後のことである。

川内村役場・村長室の壁には、どこでもそうであるように、歴代村長の写真がうやうやしく掲げられている。先にもふれたが、二代目の帆平村長は小ぶりな黒い丸眼鏡——サングラスをかけている。それからも部屋の壁には新たに選出された代々の村長たちの額縁写真が並べられたが、サングラスの印影というのはやはりなんとも異色であった。

しかしこの帆平は自分の敷地を小川小学校及び山内中学校小川分校に提供している。小学校校庭の、集落をみわたす一画に顕彰碑が建てられている。見上げるほどに大きな碑には、「家は郷土の素封にして名望あり君資性真摯篤厚」と刻まれている。

帆平、徳造の兄弟に挟まれたもうひとり、語っておきたい男がいる。

次男の米造——帆平の二歳下、徳造に二年先立って生まれた兄である。二人の強烈な個性に没するがごとき存在だが、写真でみる限り豊かな髭を蓄え、恰幅は堂々たるものだ。モノクロで焼き付けられた印画紙には白い筆跡で「三船米造　清国営口三船徳造方ニテ」と記されている。軽く足を組み、ゆったりと新聞を読んでいる。写真を意識してのポーズと思われるが、わざとらしさを感じさせない。三船本家で育まれた優雅さのようなものだろうか。弟・徳造の経営する写真館、営口支店でのひとコマだ。米造も中国に渡っていたのだった。

「大正八年（一九一九）七月二十二日、三船本家の長兄・帆平死亡」

米造は兄の死を知って帰郷する。

鳥海山を仰ぎみる避暑地のような村ではあるが、夏の盛りのまっただなかだ。頭上からまっすぐに陽が照りつけてくる。地上に影はない。

汗をぬぐいながら、

「いま、帰ったよ」

が、挨拶だった。そのとき米造・四十九歳、独身。荷物には理髪道具一式を抱えていた。

帆平の葬儀法要は盛大に取り行われた。

葬儀のあとには、すぐに旧盆の行事がつづいた。「初の棚」であった。村人たちは新仏拝みに訪れてくる。あるいはこれも当主らしさであったろうか。

そんな八月も終わろうとしている。

静けさが戻りかけている。

米造はいつものように朝を迎えた。

帆平には二人の息子と、二人の娘がいるが、今、こうして兄を亡くしてみると、自分はこの家の次男であるという気持ちが頭をもたげる。生家はつくづくいいものだ。中国に渡ったことではじめてわかる実感である。そして、と思う。義姉・ツネとは三歳《っ》しか離れていない。いや、自分が当主になることだってありうることだ。

ツネは帆平を思いだしていたが、しかしどうしてだろう、亡くなったとは思えない。まだ五十三歳だったのだ。それからツネはあらためて夫の成した仕事を思った。

敷地のなかの学校は短い夏休みが終わって、もう二学期が始まっている。陽に灼けた子供たちがはずむようにして朝の坂道を登っていく。……帆平との日々は終ってなどいない。それにしても、米造の図々しいとしか思えぬいい寄りはどうしたものであろう、夫を失くしたばかりの傷口に、それどころか、この家に。思うこと自体うとましく、どうにも好意をもてない。いちにちがことさら永く思われてくる。ツネは考えぬいた末、二階にある自分の部屋の入口に大扉を取りつけた。さらに内側から施錠した。階下から忍んで来る義弟の野心を、そうでもしなければ、拒み続けることはできないと思われた。

結局、米造は生涯独り身のまま、本家に奇妙な形で居座った。

三船本家のひんやりとした奥廊下を案内しながら、ツヱさんが教えてくれた話である。当主に嫁して来た女の、凛とした心のありようを伝えるエピソードである。

しかし、由視さん姉妹は不思議な扉だと気味悪く思いながら成長した。事の始終を知らされぬまま月日は過ぎて、初めて明かす母・ツヱさんの言葉に改めて驚く様子であった。

——それは重く大きな板扉であった。

第五章　大連へ

翌年（一九九九）の春、わたしは連れあいとともに中国遼寧省大連《だいれん》を訪ねた。トシローさんが五歳で青島《チンタオ》から移り住み、兵役に就く二十歳までを過ごした街である。トシローさんの少年期はどんなものだったのだろう。街の風景は、そこの空気はどんなふうだったのか。

さらにいえば、秋田出身の父・徳造が明治の末、人生の半ばを過ぎてから永住すべく覚悟をもって異国に渡り、事業を起こし、一家をかかえて想う望郷の念やいかに。そんな思いを抱いて四月十四日、わたしたちは十一時五分成田発の日航大連行きに搭乗した。

黄海上空を飛行中、眼下に青島がうっすらとかすんで見えた。あれが徳造さんの辿り着いた地だ。ミフネの生まれた地だ。そう思ったとき、なにか熱いものがこみあげてきた。

徳造は報道カメラマンの草分けである。日清戦争、済南事変、そして一九〇〇年の義和団事件を目《ま》の当たりにしているだけではなく、日露戦争（一九〇四〜五）に従軍している。このとき、徳造三十三歳。自ら暗箱組立写真機を担ぎ、助手には暗室用天幕や現像用具等を背負わせた。

前線での撮影である。――大砲を発射したときの煙だけではない。弾丸が雨のようにこちらに向かって飛んでくる。大山元帥と一緒の写真も残されている。また、旅順を攻めたときの巨大な大砲・要塞砲の――なかなか旅順が陥落しなかったので――下関から運んだ運搬にも関わったという。

日露戦争後、あらためて定住する覚悟で海を渡ったとき、徳造は三十七歳になっていた。その苦労を思うと、成田から三時間足らずで飛んできたことに、なんとなくすまないような気分がわいた。が、その一方で「ミフネさん、あなたに逢いたくて来ましたよ」と、少し誇らしい気分も覚えた。

中国や大連について、わたしたちは何も知らない。

「とりあえずツアーで行ってみよう。大連の地に立って、風に吹かれるだけでもいいじゃないか」

と、二泊三日の旅を申し込んだ。小旗に先導されて〈はとバス〉のように巡るのだろうと覚悟していたところ、迎えに出てくれた中国女性のガイドさんが引率するのは、わたしたちだけだった。

「アレ、俺たちだけ？」

「はい」

思いもかけず専用のガイドとドライバーを従えた贅沢な旅となった。

中国の交通事情はなんともスリリングだ。信号は極端に少なく、どんな大きな交差点でも、人と車が互いに相手の出方をうかがいながら……のはずが。

危ない！

車は人に停まらない。

「オイ、轢《ひ》かれるぞ」

「じゃあ、止まってよ」

そんな感じである。わたしたちには恐ろしい。道路の横断は極力控えた。

そうそう、街の看板に「背徳基」「石橋輪胎」とありましたが、わかりますか？　ケンタッキー・フライドチキンとブリヂストン・タイヤの看板です。

街が活気にあふれているのは、政治的締め付けがゆるんだからであるらしかった。日本の戦後復興期がそうであったように、あるいは高度成長期がそうであったように、まるではしゃいでいるかのような高層ビルの建設ラッシュである。富と豊かさに何か、突進中のように見えた。ガイドさんもしきりにその街の経済の豊かさを強調し、日本の豊かさを羨んだ。

「黒い猫でも白い猫でも、ネズミを捕るのが良い猫だ」（鄧小平）

ガイドさんが教えてくれた。

大連と日本の時差は一時間。向こうが遅い。

午後からの周遊コースはあらかじめ決められていたのだが、三船敏郎の少年期にかかわる場所を訪ねたい旨を伝え、便宜をはかってもらった。なにせ、客はわたしたちだけなのだから。

「ミフネ？　俳優？　有名？　知らない」

「オレは？」

「知らない。あなたも俳優さん？　たくさんお金取れますか？」

そんな会話を交わしながら、快晴の街に入った。

〈大連の街は、思ったより立派だった……〉

青島から移ってきたときのトシローさんの感想だが、まったく同感である。

大連は中国東北部遼寧省南部、遼東半島の南端にある都市である。旧名旅大。もともとは青泥窪と呼ばれる小さな漁村であった。日清戦争では日本軍が占領したが、三国干渉のあと、明治三十一年（一八九八）には帝政ロシアの租借地となった。

ロシアはシベリア鉄道の建設をすすめ、遼東半島への進出をねらっていた。シベリア鉄道の支線・東清鉄道を引いた先には商業都市を建設しようとしていた。

そこは海への出口であった。大連を自由貿易港とし、このときニコライ皇帝の勅命でダルニー（Dal'nii＝はるか遠く）と命名された。ロシア帝国の首都・サンクトペテルブルグとは六千キロ以上も離れている。早速に大連港と市街地が、五年がかりで建設された。

その後、日露戦争が勃発。明治三十八年（一九〇五）、日本はロシアに勝利して再び占有、関東州と命名し、大連に総督府を置いた。以後、第二次世界大戦終了までの約四十年間、大連は日本から満州に渡る玄関口として賑わった。今なお使われている日本時代の建物が数多く在る。

大連港は水深の深い不凍港として知られているが、それだけではない。この海域は魚介類の種類が多く、その量も豊富だ。大漁港でもある。市街を行き交うトラックには若芽や昆布が水あげされたまま山となって積まれ、それが荷台からはみ出してぶら下がっている。なんとも無造作に運ばれていた。

緯度は鳥海山麓とほぼ同じ。十一月の半ばを過ぎると急激に気温は下がり、そして二月の声がきこえはじめたとき、それまでの寒さからようやく気温は上向きになる。かつての紀元節（二月十一日）のころともなると、街なかの沼でスケートを楽しむには危険なことが多くなる。また、アカシアの花が満開になる五月下旬には、真夏に近い気温になることがある。日本内地に比べると急激に暖かくなり、また寒くなるという大陸性気候の影響であろう。それでも周辺の地域に比べれば夏は涼しく、冬も比較的温暖な、晴れる日の多い港町。「理想都市」と呼ばれ、多くの日本人がここに憧れ、移り住んだ。豊かに暮らしていた。日本人が愛した街である。

とりわけ大連の街は春から初夏にかけてが美しい。

四月末から五月初めには、櫻と杏の花が満開になる。真っ青な空の下は透けるようなぴんくと濃いぴんくいろに埋まる。櫻の花が散り敷くころには一斉に「柳絮《りゅうじょ》」が飛び交う。

柳は葉の出るまえに小さな花の穂をつける。それが実を結んで熟すると長い綿毛を持つ種子になる。これが柳絮といわれるもので、風にのり、ふわふわと浮遊する。これは柳の多さ、あるいは品種に依るものだろうか。日本ではあまり見ることのない光景だ。

街路樹の青葉若葉が日毎に輝きを増してゆく。そして五月下旬から六月にかけては、街中が、ひかりを含んでいるように白いアカシアの花房と、えもいわれぬ甘い香りに埋めつくされる。

昭和十年ころの自由港・大連は、白系ロシア人が最も多く、次いでイギリス、アメリカ、ドイツ、それから日本人が、多くの中国人に混じって生活していた。東西一四・一一八キロメートル、南北八十・九七キロメートル、その面積四五五〇万六〇〇〇平方メートル。東京の五倍の広さで、現在の人口は二百七十万人という。

〈大連中学〉は繁華な街の中に建っていた。少年三船敏郎が十三歳から十七歳までの五年間、「連日、闊歩していた」という母校である。うす茶色の重厚なレンガ造りの建物で、今は「大連軍人倶楽部」という人民軍の施設になっている。

入ってすぐの守衛所で、案内のガイドさんが二言三言、建物の中をこの場所からでいいから覗かせてほしいという許可を求めていた。

その間じゅう、わたしたちは玄関からわずかに入ったところに立ったまま、建物の奥をみわたしていた。

灯りは消されている。その日はどこの部屋のドアも閉まったままで、人の気配はなかった。湿った空気が、長く一直線につづく廊下や階段に流れこんで、しいんと鎮まる。さらにはその仄暗さがかつて学び舎であったことを呼びもどす。とっさに「印画紙のようだ」と思った。その印画紙には過ぎていった歳月が、瞳を輝かせているはちきれそうに元気な中学生たちの笑い声が、はにかんだように端正な三船少年がすぐにでも浮かびあがってくるように思われた。

ミフネは、大連時代をこう回想している。

——大連で少年時代を過ごしたわけですが、この港町は、いうなれば日本の植民地で、日本人が威張っていました。中国人は日本語がペラペラだし、言葉には不自由なし。それに外国品は豊富なので、日本人の生活程度はかなり高いようでした。

外人も多く住んでいて、ちょっとコスモポリタン的な雰囲気をもった、明るい風光に囲まれた清潔な街でした。この環境のせいかどうかわかりませんが、「三船は外人キラーだ」といわれる素地が、すでにこのとき育っていたのかもしれません。外国人に対して、全然コンプレックスを感じたことがないのです。(8)

映画史上、もっとも日本人らしい男優と称されたサムライ・ミフネの精神は、国際都市・大連によって形成されたように思われる。そこにはまた、鳥海山麓の深い雪に埋もれて育った父・徳造の思いも反映されていたに違いない。

徳造の心を去来したものは何か。自分は祖国を捨てたのか。いや、この地で「日本人」として生きることを選んだのだ。わが内奥に流れるものに耳をあてて、より日本人として生きることを……。

生まれた土地をあとにすることで、初めて見えてくる故郷の風景というものがある。三船本家の地に降る雪は海辺に吹きつけるそれとはちがい、ざらついてなどいない。ふんわりとまろやかだ。見わたすかぎりの風景を見わたすかぎりにましろに覆う。深い雪は天然の室になる。そして、冬中をそこに眠る草木たちの、雪融けあとのその勢いのこと……。

雪が消えないうちに芽を出してくるのがバッケと呼ばれるふきのとうだ。ふきのとうは雪煮にしてアクを抜く。雪煮とは鍋にきれいな雪を入れて、ふきのとうを茹でること。味噌あえや天ぷらにして食するが、ほろ苦く芳香のある早春の味である。そして、こごみ、ホンナ、シドケ、サシボ、山わさび、虎杖《いたどり》、薊《あざみ》、それからタラの芽、ワラビ、コシアブラ……と恵みには際限がない。それらを採りに出かけるとき、陽のまだうすい湿った沢も川べりも野も、あらゆる場所が畑であった。行きさえすれば、たちまち籠はいっぱいになる。

「……片栗《かたくり》だか」

さっと湯に通しただけの花の茎が食卓にあがったときなど、家族の誰かがもらす言葉であった。春の喜びは濃い。紅むらさきは陽を咲いた色であり、食卓は待ちのぞんだものに華やいだ。

それから、「根曲がり竹」のこと。

これは竹ではなくて笹。採れてすぐには皮ごと素焼きし、皮を捌く。味噌をつけて口にはこぶ。春であふれる。

あのようにして、自分もまた春を重ねて育ってきたのだ。

そこには常に凛と屹立する鳥海山・秋田富士の姿があった。白い雲をしたがえて毅然とそびえる鳥海山は、徳造の心の核であり、生き方そのものでもあった。

――山には神が在《お》わす

故郷を遠く離れ、多種多様な民族の坩堝《るつぼ》・大連に生きる徳造にとって、それはぬきさしならぬ想いであった。

そうであればこそ、長男の敏郎に「凛とした日本男児であれ」と、繰り返し語って聞かせたのだ。ミフネ自身もそんな父の言葉を常に意識しながら、大連での日々を過ごした。

「トシローちゃんは大連中学に決まったですか」

そのように挨拶されて父・徳造は目を細めている。男手だけでようやくここまで育てあげた。であれば早速に制服などを揃えなければ……。

まもなくして徳造は、わが長男の通うことになる中学の帽子と制服、それにカバンや本も手に入れてきた。当時、新しく入学するもののほとんどが、卒業した先輩の一式や、上級生のお古を譲り受けることで間にあわせていた。二代三代と先輩の使いこんだ学帽、継ぎだらけともいえる洗いざらしの制服はトシローをたちまちにバンカラ学生に仕立てあげる。女学生の羨望の的でもあった。大連中学の五年間、トシローはそんな勢いのまま学校への道を闊歩していた。

定住を覚悟して父・徳造が最初に渡ったのは青島《チンタオ》である。それまでにも貿易などの商売をしていたが、青島では写真館を建てている。好景気の後押しもあり事業は隆盛を極めていた。

さっきからわたしは葉書よりもひとまわり大きな、セピア色の写真をみている。

写真（口絵　写真館）には「青島時代」と書きこまれている。それにしても「写真館」は豪勢な――矛盾するようだが、それはなんとも瀟洒な白い洋建築であることか。

門前には七人の大人と一人の子供が並んでカメラをみている。立派な建物の前で、彼らは豆粒のようである。落成の記念撮影だとしたら、大事な知人たちであることだろう。和服の人々のなか、徳造らしき一人だけが三つ揃い洋装、帽子にステッキを持っている。

ビル正面の最上部分全体には右から横書きで「三船寫眞館」の文字が、ビルの左側面最上部分には、やはり右から横書きで「三船寫眞館」、それに加えて、左からは「PHOTOGRAPH」という文字がひとつ枠に収まっている。建物最上部分のそれはいわゆる看板などではなく、最初からデザインを組み込んで建てられている。濃い下地に建物と同色の白い文字が品良く浮かび、それは少しも仰々しくない。

そして別にもう一枚、同じような写真館のものがある。これは他の雑誌などで紹介されている写真で、そこに人物は写っていない。が、それはその後のものだとわかる。というのは、門柱の横、つまり向かって左にもう一棟、写眞館が建てられて在る。建物最上部分には、「寫眞三舩」と記されている。

写真館はおおいに繁盛した。第一次大戦後の好景気も幸いし、大連、天津、山海関、営口にと支店を出している。文字どおり飛ぶ鳥落とす勢いであり、大勢の使用人をかかえていた。が、やがて押しよせた不況の波は——それは国際情勢の変化であったが——たちまちその投資を失敗に帰せしめた。


——青島はドイツが占領していましたね。あれは青島事件でしたか?

——そうです。それで日本は撤退しろということで、日本人はとにかく青島には住めなくなった。全部引きあげることになったんです。

とても小さかったので、あんまり記憶はないのですが、たぶん大正十二、三年頃じゃないんですか。(9)

青島は島ではない。山東半島の南東、付け根のあたり、むしろ半島部中心にある港湾都市といったほうが的をえている。

一八九七年、山東・曹州でドイツ人宣教師が殺されるという事件が起きた。それはドイツが膠州湾一帯を占拠するきっかけになり、翌年〈膠澳租界条約〉を結んでからは、港湾と都市の建設が始められた。整然と区画された市街地には、機能的な都市計画が施された。そのうえ、郊外には別荘地が造られるなど、そこは全くといっていいほどの西洋の街並みだ。

その美しい街を、第一次大戦の〝戦勝国〟日本が占領していた。しかし、一九二二年に開かれたワシントン会議では、青島は中国に返還されることに決められた。

その三年後、徳造家族は大正十四年（一九二五）、再起を期してこの大連に移り住んだのだった。敏郎五歳の春である。

「夏が近づいてくると、星ヶ浦の海水浴場に行くことが待ちきれなくてね。子供のころは家族みんなで。家中で、お手伝いさんも一緒だった。弟と連れだって出かけるようになったのは、ずっと後になってから。海水浴場はあけぼのの濱、たそがれの濱と分かれていた。一日じゅう海につかって夢中になって泳いでいたので、日灼けで、身体じゅうが真っ赤になってしまってね」

その星ヶ浦海水浴場――「星ヶ浦」の名は、天から星が降ったという伝説に由来してのもので、現在は「大連星海公園」と呼ばれている。入園料を払ったときに受取ったチケットには「秀麗的自然風光」という漢字と並んで「星海湾は黄海」であるとの表示がなされている。黄河や海河などから流れだす泥砂によって、海面が黄色にみえるという、あのダイナミックな黄海である。しかしそこは、湾曲してつづく白い砂浜。打ち寄せてくるというよりも渚で海水が揺らぎつづけているような、そんな穏やかさで広がっていた。

ふと、近くの路上で作業をしている十数人に気がついた。傍らに機械というようなものはなく、懐かしい光景に出会ったようでカメラを向けた。

瞬間、鋭い眼が睨みかえしてきた。

ガイドさんが解説してくれた。

「囚人たちが働かされているんですよ」

いやあ、驚いた。囚人たちが街に出て働いているとは……。そう云われてあらためて辺りを見まわすと、確かに看守らしき人物が四方に目を光らせている。


かつて大連は東洋のカンヌ、あるいはモナコといわれた。夏の大連は昔も今も、内陸部から海水浴にやってくる人々で大いに賑わうという。

ここで、当時の日本を想像していただきたい。夏の炎天下といえども、しかし、海水浴を楽しむ日常をもっていた家族は、果たしてどれだけいただろうか。

清岡卓行氏の『アカシアの大連』の中に、この星ケ浦海水浴場について記した部分がある。

〈満鉄経営の豪華なホテルがあり、ヨーロッパ人の客が多く、ほとんど砂浜だけで入江をなしていて、比較的遠浅であった星ケ浦。そこにはテニス・コートやゴルフ場や公園なども接続していて、彼は子供心に、こんな素晴らしい所が日本の内地にもあるのだろうかと思ったものであった。また、その綺麗な砂浜に水着姿でしゃがんで、子供をあやしている若く美しいドイツ人の女性が、そのままの姿勢でそっと水着ごしに小用を足しているのを、中学生の彼が偶然見てしまい、へんに生々しくエロチックなそのイメージが、しばらくの間頭から消えなくて困ったこともあった〉(13)

「ミフネさんがスケートをしていたという所は？」

わたしが問う。

「海は凍りませんから、南山《なんざん》の、民沢湖《みんたくこ》のことでしょう。ずうーっと以前、鏡ケ池と呼ばれていました」

と、ガイドさんが連れていってくれた。

旧日本人居住区・南山麓は市の南側の丘陵にある高級住宅街である。大きな一軒家ばかりが並んでいる。日本人はこんな立派な家に住んでいたのか……と、東京の兎小屋同然の住居に甘んじているわたしはびっくりした。当時とさしてかわらぬ、今でも富裕な人々がこの家々に暮しているのだろう。洋風の住宅が整然と建ち並ぶゆるやかな坂道を下っていくと、鏡ケ池はその名のごとくに美しく光を放ってそこにあった。

鏡ヶ池を囲むようにして柳の木が植えられている。萌えだしたばかりのみどりのせいか、ゆるやかな弧を描いて垂れる枝々で、池の縁はまるで煙っているようだ。水面は向こうの景色を——何十階あるだろうか、堂々の高層ビルを数本、ビルの手前に建つ赤い屋根までもそっくり映して微動だにしない。これならば、とわたしは思った。鏡ヶ池の命名を知らないものであっても、鏡ヶ池とつぶやくだろう。そしてなるほど、凍れば最良のスケートリンクになるだろう。

「鏡ヶ池で覚えましたからね。スケートは得意ですよ。誰でもそうだと思うのですが、前の晩には、それはもう、丹念に磨きましたよ。池についてからは最後の仕上げ、エッジにハアハアと息をかけて、手拭いで鏡のようになるまで曇りをとって……そうすると安心なんです。スケート靴に履きかえると、もう一気に辷ります」

またもやヤンチャなトシロー少年の颯爽と風をきる姿が、得意気な大きな瞳が目に浮かぶ。声さえも聴こえるようだ。

それからわたしたちは池を横切るようにして、芝生のなかの道を歩いた。

かなりの広がりだ。街の大通りにまもなく出ると思われたとき、わたしは歩みを停めていま来た歩道を、その公園を振り返ってみた。やわらかなパステルいろの建物は、ここはまるで西洋だ。あるいはロシアの風景だろうか。

神社の前で、小学校高学年のトシローさんと弟妹が仲よくおさまっているセピア色の写真がある。その日、陽が眩しかったのだろうか、やや下向き加減の弟・芳郎さん、ベレー帽の愛くるしい妹・君子さん。そして素直で伸びやかな表情をみせる、なんとも美しいトシロー少年の笑顔が印象的だ。

その〈大連神社〉を訪ねてみた。

が、大連神社はすでに取り壊され、「大連外国語学院」になっていた。

向かいあう校庭では――ここは小学校なのであろう、低学年の男女生徒が入り混じり、大きなひとつの輪になって緩やかな体操をしている。砂埃りをあげ、徒競走に熱中している別の組もある。素朴な授業風景だ。わたしはしばし見とれていたが、その間じゅう、体操も徒競争も休むことなく続けられていた。

景色を明るくしているのは子供たちの元気だけではない。あたり一面に連翹《れんぎょう》が繁茂している。原産の中国名をそのまま日本読みにしている……と以前何かで読んだことがある。嬉しくなった。ここは中国の地なのだ。そしてしみじみときょうの春が想われた。戦争がなかったならば、トシローさんはそのままこの地に留まっていたに違いない。スターとしてではなく、「スター寫眞館」の後継として。

大連駅は直線を生かしたモダンなデザインで、それは上野駅そっくりに造られている。（上野駅は五年前に完成している）が、驚くのはその現代的な機能である。というのは、この駅に到着した人々は一階に、出発する人々は二階の出発専用ロビーから列車ごとに分かれた改札を通るということ。空港と同じなのだ。この大連駅の鉄路の先に、三船徳造の末弟・勇太郎が二十五歳で没した営口がある。が、そこも奉天も、〝世界のミフネ〟の出生地である青島も訪ねずじまいの短い旅だった。帰り支度をしながら、せわしなく、新鮮なライチとマンゴスチンを口にする。夢のような味がした。身体に収めた。

そんなあわただしい旅であったが、それでも三船徳造・敏郎父子がかつて暮らした大連の地に立ち、大連の風に吹かれて、彼らが祖国日本と故郷秋田に寄せた想いをしのぶことができた。

来てよかった。トシローさん、少年の日のあなたに逢えたのだから。

第六章〈ミフネ伝説Ⅰ〉浜さんの話

大連の旅から帰ったわたしは翌五月から週一回、殺陣《たて》道場に通いはじめた。ひとり舞台『わたしのトシローさん　三船敏郎外伝』を演じるためである。

若手俳優に交じっての立ち廻りはかなりきついが、楽しくもある。ミフネを演じるためには剣さばきが欠かせない。なぜ今まで習わなかったのか。

役者に「殺陣」は必須だ。「立ち廻り」を習いたい……ずっとそう思いながらも、悲しいかな、撮影現場ではひと太刀で斬られ、「ハイ終わり、おつかれさん」と、あっけない仕事を重ねるうちに月日が過ぎてしまった。取りたてて困ったことや恥をかいたことがないままに来た。そのことが、かえって「道場」の門を叩く決心を遅らせた。

初心から二十年以上の歳月が流れた。

大願成就。

久しぶりにお会いした林邦史朗師範は、ぐんと渋さが加わり、温厚になっておられた。

「観るミフネ」から「演じるミフネ」を目指したとたんの手習い開始である。

毎週水曜日。朝十時から二時間は動きっ放しだ。息切れがひどい。トシか……。スタミナ不足を痛感する。が、汗だくの二時間をのり越えると、充実と空腹がやってくる。昼食がうまい。

ああ、もっと早くやるべきだった！　でもしょうがない。人が思い立つことなんて大方こんなものだろうから。


一方、舞台公演に向けて髷《まげ》、紋付き、袴《はかま》、大刀小刀、履物なども着々と整えられていく。〝世界のミフネ〟と親交のあった老スタッフが「あのひとのことなら」と、快く引き受けてくれた。何よりも嬉しかったのは、そうした舞台用の品々を整えながら、それぞれの〈わが三船敏郎体験〉を生き生きと語ってくれたことである。

かつら（総髷《そうまげ》の浪人鬘《かつら》）を新調してくれた工藤芳照氏は、

「ミフネさんは凄い役者さんですよ。さらにまた凄いひとでしたネ。手抜きは一切ナシ。辛抱強くって、そして、あんなにスタッフ思いの役者さんはいませんよ。人情家でナイーブでねえ。ただ、その思いやりを伝えるにも、怒ったみたいにぶっきらぼうに云うからねえ……。

ところで、刀はどうするの？」

と心配し、友人を紹介してくれた。

『酔いどれ天使』からのつきあいさ……と切りだす浜さん（浜村幸一氏）は、ミフネより三歳年下の七十四歳、東宝装飾部卒、小道具係。体調を崩していたが、快気成って、刀を揃えてくれた。

ミフネさんだって、初めっから殺陣《たて》がうまかったわけじゃないよ。何本も刀を折ってネ。

「今日は三本しか替刃を持って来てないから、そのつもりで頼むよ」

「えっ、ほんと……困ったな」

なんてボヤいてた。なにしろ、バリバリに力が入ってたころだから。

伊豆の温泉・白石館で面白いことあったな。露天風呂に膳を浮かべて、私、ミフネさん、戸田清（愛称ヘッタキヨシ。小道具助手）の三人で一杯やりながら湯につかっていたら、新婚夫婦らしいのが入ってきたんだ。そのとき、俺の膝の下にお湯の栓があってね。

「抜くか？」

と耳打ちしたら、ミフネさん、

「よしっ、やれ！」

てんで、風呂の栓を抜いちまった。湯はズズーッと水位がさがり涸れていく。

新妻が、

「あれぇ……お湯が減る」

新郎もキョロキョロとうろたえる。若き夫婦の裸の置物が完成したって訳さ。

翌朝、旅館から、

「困ります！　勝手にお湯を抜かれては」

俺はうんとお叱りを受けたけど、楽しかったたネ。だってミフネさん、嬉しそうなんだもの。

京都じゃ、俺のこと話題にミフネさん、しんみりと仲居さんに、

「女房が死んで、浜ちゃんは淋しい生活をしているんだよなァ。誰か嫁に来てくれねえかと思って……さァ」

なんて口説くんだ。数日後にその仲居さん、京都から東宝の撮影所に訪ねて来たものなあ。

「わたし、心を決めました」って。

俺はあわてたねえ。女房いるんだからさ。子供も二人目が産まれたばっかしでね。その場はミフネさんが引き受けて、食事をご馳走して丁重に京都へ帰ってもらったんだけど、いやあ、蒼ざめたね。

『宮本武蔵・第二部』（稲垣浩監督）のころ、お互い三十を越えたばかりだった。

ミフネさん、仕事は真面目だよ。黒澤天皇がひとこと注文を出すとピーンと反応してね。

抜群に勘がよかったなァ。ミフネさんは瞬間瞬間、思いがけない表現をするんだよ。天皇はそれを楽しみに、いつもニコニコしてミフネさんの演技を見ていたね。信頼が出来てたんだ。それが木村功になると、急に天皇の眼が険しくなってイライラしてくるんだ。稲葉義男なんか天皇の〃ダメ出し〃に萎縮しちゃって、演技不能におちいってたよ。左卜全だけはマイペース。さすがに天皇も型にはめるのを諦めてたよ。

「役者だからな、俺は。監督の言いなりにゃならないョ」

なんて卜全節をうそぶいてた。

あっ、そうだ。ミフネと九官鳥の話。

ミフネ社長の誕生日に、美術部スタッフのひとりからユニークなプレゼントが届けられてね。一羽の九官鳥。ミフネ社長、大いに珍しがり社長室で飼うことにしたんだ。

ところが翌朝、九官鳥がミフネさんを見るなり、

「ミフネのバカヤロ
ミフネのバカヤロ」

とやってしまったんだ。しかも、それを日に何度も繰りかえす。

数日後、芸を仕込んだであろう贈り主が社長室に呼び出された。

「この鳥、スマンが引き取ってくれよ。モウ……たまらん」

ちなみに浜さんは、映画製作では〝全知全能の神サマ〟で、身につける類い――笠、刀や槍、草蛙、――家の内外にあるあらゆる道具、食べ物、――目にするあらゆる生きもの――昆虫や鳥、魚、馬、広がる野草……。そのときの雨や嵐や雷、霧や霞という自然現象も範囲のうちだ。

『七人の侍』の火事では、野武士の放火によって水車小屋が炎上する。

勢いづいた炎のまえで火がついたように泣く赤ん坊を抱く農婦、農婦からその児を受けた菊千代、流れのなかで、抱きかかえたまま、菊千代はさけぶ。

「こいつはオレだ。オレもこのとおりだったのだ」

彼らの動きと台詞《せりふ》にあわせて、燃えさかり、崩れおちる炎の勢いを調節する。

「水車小屋の羽目板に布を巻きつけて、それに鯨油、廃油、ガソリンを念入りに混ぜてしみこませます。それに火をつけると、羽目板の上をめらめらと炎が這って、生きてるように炎が這って、抜群の写真ができる、というわけですよ」

そのとき以来、『乱』（一九八五）の天守閣炎上まで手掛けているが、その映像効果抜群の火事場シーンは見事というほかなく、「日本一の火事師」の異名をとる……と後できいた。

「ミフネノート」

浜さんと前後して、ミフネの長男・史郎氏（三船プロ社長）にも会えた。二棟並ぶコンドミニアムの一画が三船プロダクションである。かつて通った三船プロのスタジオは今はない。〝武蔵野のハリウッド〟とも呼ばれたあの撮影所風景は、三船敏郎生涯の「夢」と「抵抗」であったのかもしれない。

史郎さんからこんな話を聞いた。

氏がまだ小学校低学年のころだという。

三船邸のガレージには、釣りや鴨撃ちに持っていく自家用ボート（二十五馬力船外機付）が保管されてあった。その日は好天気だったので、ボートをガレージ前に立てかけて水洗いをしていた。そこへ成城署のお巡りさんが通りかかり、

「道路にはみ出してはいかん。通行人の邪魔になる」

注意を受けてミフネは内心腹を立てた。

そんなある日――昭和三十三年（一九五八）九月二十六日の深夜、関東地方を台風二十二号（狩野川台風）が直撃した。成城の窪地を流れる入間川が増水氾濫し、祖師谷・砧・成城の一部地

域――小田急の分譲住宅がぎっしり建ち並ぶ低地がまたたく間に床上一メートルくらいまでドロ水があふれ、地上交通がマヒする事態に及んだ。

あちこちの軒先から、

「助けて！」

「ロープじゃ無理だ」

「病人がいるんだ！」

「舟だ。舟はないのか！」

しかし、警視庁所有のゴムボートはその日全部、江東方面に出払ってしまっている。

「現地で調達するように」

との命令だが、多摩川から川舟を調達するには遠すぎるし、時間もかかる。

「そうだ、三船さんに頼んでみよう」

三船邸にボートがあることを思い出した成城署員が、さっそく電話を入れて緊急出動を求めた。

「手伝ってくれませんか」

「来たか！」

午前一時を過ぎていた。

寝酒の杯をテーブルに置くなり、「よーしッ」と立ち上がったミフネは、ここぞとばかりにやる気満々。革ジャンパーとデニムのズボンに身を固めると、トレーラーにボートを積み込んだ。警察の迎えなど待ってはいられぬ。すぐさま現場へ駆けつけた。その間わずか十五分、しかしすでに濁流は家々の軒下を洗っている。急なことでボートのエンジンはかからなかったが、オールを操り二階や屋根の上で孤立していた住民十四人——ほとんどが老人や子供であった——を次々にボートへ乗り移らせ、救助した。

このとき、ミフネの顔はヒゲだらけ。水害現場のまぶしいライトを浴びながら、ミフネは成城署員に向かって叫ぶ。

「おーい！　ロープを放すな」

「女、子供が先だ！」

濁流のなかで活躍するミフネの姿を見た住民たちのなかには、映画のロケをしているのだと勘違いしたものもいた。そのときミフネは『隠し砦の三悪人』の撮影中で、伸びほうだいの髪とぼうぼうのヒゲは、その役づくりのためであった。それほどにミフネの姿と警官たちとの呼吸はみごとにひとつになっていた。

翌日もいつもと変わることなく、他の役者の誰よりもはやい時間にミフネは撮影所にいた。が、前夜の、いや、つい今しがた、明け方までの活躍には一言も触れなかった。所内のひとたちはそのことを新聞をみて初めて知った。

後日、「警視総監賞」と金一封が、ミフネに届いた。

「いやあ、オヤジは張り切って飛び出して行きましたねえ。このときとばかりに……」

今も語られる市民ミフネの美談である。


軍隊から戻ったばかりのニューフェイスが、いきなりカメラの前でセリフを云うのは大変だったに違いない。

「でも、六カ月の研修がありましたから。当時の父のノートが残っています」

そう云って史郎氏が立ちあがった。

第一期東宝ニューフェイスの合格者に対しては元映画監督・田中栄三が指導する六カ月間の俳優養成授業があった。その新人研修時代のミフネ・ノートである。しっかりとした布表紙で紙質も上等だ。戦後間もない紙不足のころ。映画畑で生きていこうというミフネの意気込みが、その立派なノートから伝わってくる。

七月十日（一九四六）
＝藝は人なり＝

無我の境地で脚本の中に書かれている役を演じるのでなく、自分の個性を飽くまで生かして、その役になり切る。そこには非常な努力を要する。
自己完成という事が大切である。
＝人格＝
芸術家はよりよい社会人でなくてはならない。

と、最初の授業ははじまっている。以下、演技実習、映画常識、映画史、映画の出来るまで、とノートは続く。約二十ページ。そのなかに注目すべきページがあった。

映画のカメラ機材についての記述――当時、最新型だったミッチェルというカメラのレンズの効用など――が精密な図解とともに、六ページにわたって克明にノートされている。

「ははア。まだ撮影部に入るつもりでいたんですねえ」とわたし。

「そうですね。退屈しているような授業もありますから」と史郎氏。

この会話にはいきさつがある。ミフネは当初カメラマンを志望だったのである。が、そのことについてはおいおい述べることとしよう。

なお、指導にあたっていた田中栄三著「映画演技読本」の〈カメラの種類〉の項目では ⒄

――撮影の用途によって四種がある。

ミッチェル（Mitchell）

ベル・エント・ハウエル（Bell and Howell）

パルヴォ（Parvo）

アイモ（Aimo）

どこの撮影所でもトーキーの同時撮影にはミッチェルを使っている。……

「ミッチェルのＢＮＣ」と「廿世紀フォックス・カメラ」とが最新式で、各社ともこのニューミッチェルを輸入して使い始めている。

との記述がある。

〈演技実習〉

俳優は人間である。人間は動物である。動物は移動する事が本能である。移動に必要なのは歩行である。

滝沢英輔かんとくさん

三船君、一線上を歩く練習をしたまえ

サンキュー

歩行姿勢を注意されれのだろうか。あるいは肩で風を切って歩いてみせたのだろうか。サンキューとはいかにもミフネらしい。

ノートにはまた、

俳優は人間の屑ではない。人間の宝石が俳優になるのだ。何故なら、神なくして人間を創造するのは、人間の屑では出来ないはずだ。

この研修に通う小田急電車の中で、ミフネは谷口千吉監督に見出され、『銀嶺の果て』の出演交渉につながっていく。

この映画の当初のタイトルは「山小屋の三悪人」。

三人のギャングが銀行から奪った大金を持って雪深い北アルプスの山中に逃げ込むという設定。志村喬、河野秋武、小杉義男は決まっていたが、荒ぶる若いギャング役がどうしても決まらず、監督は役者捜しに血眼《ちまなこ》になっていた。

——自宅へ帰る小田急電車の中で、藤本真澄《さねずみ》重役と隣同士に座って話をしていた時のことです。当時私は、黒澤君と共同で『銀嶺の果て』の脚本を書き終えて撮影の準備をしていました。電車の中でふと左のほうを見ると、いかつい男が立っています。胸の厚い、ガラの悪そうな、怖いからそばへ近寄らない方がいいというタイプの男です。彼は吊革に掴まってグッと真正面をみています。

私は、逞しい男、とりわけ胸の厚いヤツを捜していました。思わず藤本さんに云いました。

「俺は、ああいうのが欲しいんだよ」

彼はフッと見て、

「あれはうちの子だよ」

「え？　どういうわけだい」

「あいつは、今井正ちゃんが講義をしているニューフェイスの教室に通ってきている生徒だよ」

「見たことがないなぁ」

「いや、あれはうちの子だよ」

「それでは明日、交渉しよう」

「しかし、千ちゃん、あいつはやめておいた方がいいなぁ」

「どうして」

「ヤクザだよ、見るからに」(10)

しかし、ミフネのエキゾチックな顔立ちと、軍隊で鍛えられたであろう分厚い胸は、まさに悪漢の役柄にぴったりであった。

——「翌日、講義のある教室へ行き、立ち話をしました」

ミフネは断った。

「女ならともかく、男のくせにツラで飯を食うというのはあまり好きじゃないんです。撮影部が希望なんです」

いかにも昔の男がいうようなセリフである。

監督は驚いた。

「良いやつだなぁ。是非ともこの男を使いたい」

とますます惚れこむ。

谷口監督にとっても、待ちに待ったメガホン第一作目。助監督十五年の下積みを経て、ようやく監督としてのデビュー作品である。諦めてなるものか。懸命に口説きつづけた。

「とにかく一度、試しにやってみて駄目なら、希望の撮影部に行けばいいじゃないか」

「役者になる気はありません」

航空隊の飛行服と半長靴、ヘルメットを抱えたミフネの拒絶は続く。

「銭湯へもそれで行くのか」

「はい」

そして、次のひとことでやっとミフネのＯＫが出る。

「もし出演してくれたら給金や手当ての他に、僕が背広を一着作ってプレゼントするよ」

「本当ですか」

当時、黒澤（明）君は、

「千ちゃん、お前バカだなあ。君の最初の大事な作品を撮ろうというときに、あんなえたいの知れないヤクザみたいな男を使うなんて。途中で消えていなくなったらどうするんだ」(10)

しかし、黒澤の予言は見事にはずれる。

いざ撮影が始まってみると、皆が心配したこととガラッと違いましてね、礼儀正しくて別人のようなんですよ。
――『銀嶺の果て』は山岳映画ですので実際に雪山へ登ってから撮影にかかるわけです。彼は一番重い四貫目四個（六〇キロ）の荷物を背負って、吹雪の中を先頭に立って登りました。彼
私達がやっと辿り着くと、彼は待ちくたびれて寒さで震えながら待っていましたよ。

山小屋ではベッドはただの乾燥したわらなので、からだについたわらくずが小屋中に散乱します。起きると、それを彼が朝一番に掃除しているのです。私は彼を見ていて、人は見かけと違うものだなあ、とつくづく思いました。

彼はまた、人の持っている荷物も次々と横取りして、背負ってやるのです。私は傍で見ていて、彼に心底惚れました。私が想像した以上の逞しさを持っており、本当にすばらしかった。

役柄の上では悪役でしたが、三船ちゃんは最高の適役だといわれています。『銀嶺の果て』は、昭和二十二年八月五日に封切りされ、幸いにもヒットしました。皆、散々に悪口を云っていたのに、コロッと変わって今度は褒めちぎるのです。黒澤君など、

「千ちゃんいいなぁ、貸せよなぁ」

と持っていっちゃったんですよ。

それ以来『ジャコ万と鉄』（昭和二十四年）まで私はしばらく三船で撮れませんでした（笑）。三船を大事にしてやって行くつもりでおり、これからと思っていると、黒澤君が持ってってしまうんですよ。(10)

当のミフネはそのときのことを、

――大ロケーション映画でした。敗戦直後、まだ食べ物にも着る物にも皆んなが不自由し

ていた時代に、四十数人のスタッフ、キャストです。白一色に覆われた過酷な北アルプス・ロケです。真冬の山小屋――白馬山麓の早大ヒュッテに半年以上もこもったんですからね。映画の撮影隊が山の中に入って、そんなに長い間いるのは、食糧はヤミだろう、いや、ヤミに違いないと、警官が調べにきたりもしましたよ。あのころ、毎日、握り飯何個かだけというものでした。

白馬と唐松、黒菱なんていう山を上がりました。零下二十五度。毎朝三時四時の暗いうちに起きて機材を担いで、ね。

雪で埋もれたような山小屋は隙間だらけですからね。小屋のなかまで雪が入っています。しいんと白くなっている。外の雪はもちろん、小屋のなかの雪も全部出します。それも自分たちの毎日の仕事です。

すぐ目の前には切り立った山。第一ケルン、第二ケルン、第三ケルンと登っていくんです。全部歩荷《ぼっか》です。なんだか荷物担ぎになったみたいだった。

天気の良い日は真っ青な空でしたね。

と述懐している。

一方、谷口監督も、

「そんなある日の午前二時、寝坊のスタッフに模範を示そうと考えて、とにかく私はだれよりも早く起きました。暗いなかでひとり身仕度をして、まあ、外は雪あかりですからアイゼンをつけて三時間歩いて、撮影現場に着いたのです。

気がつくと暗がりのなかにうずくまっている男がいます。三船ちゃんでした。しかも彼は、みんなのいやがる約十六キロのバッテリーを担いでいました」(11)


三船敏郎はこの過酷きわまりない自然条件下の映画製作に、いささかも音をあげなかった。どんな危険なシーンでも、吹き替え（別の人が代わって演技する）を拒否し、自ら演じた。それどころか、カメラマンの助手や照明の人が重い機材を担いでいると、「手伝いましょう」と云って横取りするようにして背負っていた。氷のような北アルプスの峰を真っ先に登っていった。ちなみに、犯人役を演じた志村喬（当時まだ四十代）と小杉義男は苦労している。ふうふうだった。撮影をサポートしている山男たちにロープで引っ張りあげてもらったり、お尻や背中を後押ししてもらったりで、やっとのことで登ったという。また予想だにせぬ零下は谷口監督の指を凍傷にした。

繰りかえすが、『銀嶺の果て』は三人組の銀行強盗がアルプス山中に逃亡したという、ストーリーとしてはそれだけの設定である。兵隊上がりの、飛行服を着たままの獰猛な若いギャングのミフネが荒ぶる役を引き受けることで、もったりとした志村喬演ずる男の人間性が引きだされてくる。若い娘（若山セツ子）とのやりとりに、じんわりと悪人の心がゆるむ。ヒューマンな映画であったのかと思うほどだ。

この脚本を書いた黒澤明は、編集も担当していた。ひとコマひとコマの編集の過程で、黒澤はミフネの強烈なマスクと風格、ずばぬけた演技に魅了されていく。

――第一、日常性を描くなんて、もうごめんだね。おれのいまやりたいのは逆に、日常性の中からカアッと飛躍し燃焼する、その情熱の軌跡を追いたいんだ。ギラギラして膨大な悪のエネルギーがたぎっている闇市の世界を強烈に描きききるためには、やはり、特攻隊上がりの、肩幅が広くて、いなせで、しなやかな野獣のような男しか考えられない。そいつが胸やられて、しかも自分の女を盗られ、その上、いままで親分に信頼されて任されていた縄張りまで、女を盗った兄貴分に奪われる。……その屈辱感、挫折感は本人が強い男であるほど余計、哀れだ。チンピラなんかじゃバイブレーションが弱い、やはり三船だよ。(12)

そして遂には、しなやかな、野獣のようなミフネに賭けた。『酔いどれ天使』はミフネなくしては考えられぬ映画であった。

ここからクロサワ・ミフネの黄金時代が始まる。

『酔いどれ天使』の脚本を書いた植草圭之助は、自著の中で次のように述べている。

――トップシーンから私はスクリーンの中に引きずりこまれた。いままで自分が書いたシナリオの試写を観て、こんなに我を忘れ、惹き込まれるということはなかった。黒澤演出のズバ抜けた素晴らしさにラストシーンまで眩惑されっぱなしだった。人物の一人一人がみな生き生きとしてドラマを盛り上げていく。殊に三船が演じる松永と志村喬の飲んだくれ医者との、なりふり構わず、自由勝手に生き、行動していく人物像は強烈で戦後の時代精神を臆面もなく鮮烈にスクリーンに叩きつけていて迫真的で魅力があった。ラスト近く、松永の死を愚かに悲惨に描き切ったのが、逆に不思議な美を生み出しているのだ……

大きなおどろきだった。私はこれまでに接した日本映画、外国映画を通し、これほどエキサイトを覚えた作品はなかったと、感じた。

この作品で黒澤演出は国際的水準を超えたと思った。

場内が明るくなった時、観る側にひとしく深い酔いと昂奮のどよめきがあった。(12)

闇市に巣食う肺結核に侵された若いやくざとして、三船がスクリーンに登場したときのその瞬間にひきつけられた。呑んだくれの初老の開業医――『酔いどれ天使』は、志村喬扮する主人公なのに、出来上がった映画では、三船扮するやくざのほうが生きて死んでる。光と影の濃さがある。日本人離れした容貌で精気あふれる魅力があった。踊るジルバのなんと粋だったこと！　まるで調べが舞っていた。

戦中戦後の捨てばちな日々。肺病に臥していた夜、三船扮する松永は夢をみる。

——荒れる大海。浜辺に白い柩が打ちあげられてゆれている。風に髪を乱した松永は駆け寄って、鉞《まさかり》で柩の蓋を叩き割る。中から現れたのは、死神のようなもうひとりの自分だ。柩のなかから立ちあがり……死神になった自分が生きてる自分を追いかけてくる。はっと目覚める。

このとき戦後の日本映画を代表する俳優・三船敏郎と監督・黒澤明のコンビが誕生した。現実と心理の躍動、そのリアル。以来、『赤ひげ』（昭和四十年）に至るまで、三船敏郎は黒澤明の全作品に主演することになる。


黒澤監督は、三船という役者に惚れた。

——特に、表現力のスピードは抜群であった。

解りやすく云うと。普通の俳優が表現に十呎《フィート》かかるものを、三呎《フィート》で表現した。動きの素速さは、普通の俳優が三挙動かかるところを、一挙動のように動いた。なんでも、ずけずけずばずば表現する、そのスピード感は、従来の日本の俳優には無いものであった。

しかも、驚くほど、繊細な神経と感覚を持っていた。(5)

この映画『酔いどれ天使』について、かつらの工藤芳照氏は、
――志村喬さんはああ見えて、本当は短気なひとですよ。黒澤さんのまえで、志村さんとミフネさん、じっと耐えていましたけどネ。心のなかはそりゃ大変だったと思いますよ。

三船さんの驚くべきスピードを野上照代さん（黒澤プロダクション・マネージャー）も記している。
――黒澤さんが三船さんを高く評価される理由の第一は、彼の〝スピード〟である。あれほどスピードのある俳優は見たことがないと言う。〝スピード〟は役者の才能だとも言われる。『七人の侍』の編集をしている時、黒澤さんがムヴィオラという編集機にフィルムをかけて見ていたら、用のあるスタッフが来たので、ムヴィオラを止め、話をした後でふと眼を戻すと縞が見えるだけで三船さんが見えない。あれ、と思ってモーターを廻したら三船さんが刀をふりまわして暴れていたという。つまりフィルムの一駒は二十四分の一秒なのだが、三船さんの動きはあまりに早くてその一駒の中でも流れていたということなのだ。三船さんの立ち廻りはもの凄いが、その迫力は正にこのスピードなのである。

黒澤監督の要求は、なるべく早く、しかも正確にだ。現実の時間を重視するから途中で新

国劇のような大見得を切ったりする余裕は許されない。ゴマ化してもいけない。カメラも途中で止めたりしないでワンカットで終りまで廻す。これに耐え得る立廻りは、誰にでも出来る技ではないのである。⑽

そして思うのは、ミフネさんはカメラを、カメラというものの知識を、その本質を身をもって知り尽くしていたということ……

カメラの前では決められた立ち位置というものがある。激しい立ち廻りのシーンであっても「大きく動ける場合」と「絶対動けぬ場合」がある。ミフネさんはカメラの目を掌握している。カメラの目と自分の関係は、舞台での見物人と役者との関係にも等しい。

ひとつの役柄にあっても「柔」と「剛」を自在にこなせる演技能力――豪放磊落のヒーロー然と、謙虚なまでのナイーヴさ。父が見つづけていた鳥海山の真冬だろうか、その夏だろうか？

わたしが訪ねたこの日、成城は雨に煙っていた。

「三船プロ前」のバス停留所だけが往時をしのばせる。

三船プロのスタジオはもうない。残るのは珠玉の名画の数々。そこでは今でも、「男がツラで飯を食うのは……」などとはもう云わない多襄丸が、天衣無縫の菊千代が、自分があまりにも強すぎることに照れているような椿三十郎が、そんな〝世界のミフネ〟が吠えて、斬って——躍動している。

第七章〈ミフネ伝説Ⅱ〉

高瀬監督・宇仁さん・佐藤允

数ある「ミフネ伝説」のなかで、わたしは次のようなトシローさんが好きだ。

蔵田敏明　東宝時代、多くの作品でご一緒なさっておられますね。高瀬監督からご覧になった三船さんは、どのような方ですか。

高瀬昌弘　周りに対して常に細やかな気配りをなさる方です。それがスタッフの端々から役者仲間にも及んでいました。

鶴田浩二さんと共演された時、自分は先にメークが出来上がっているのに、宿屋の玄関で、宿酔《ふつかよい》で遅れ気味の鶴田さんの支度をさりげなく待っておられました。

「二人一緒のシーンだから、先に行っても仕方ないんだよ」

そう云いながら、遅刻した仲間をかばう三船さんの心遣い。他人を押しのけて、自分だけよければという映画界で、その逆を行く三船さんの生き方。それ迄、張り合う様に〝三船〟が、と呼び捨てにしていた鶴田さんがそれからは、「ミーさん」「ミーさん」と親しくなさって居りました。

大形に振舞うのでなく、やさしく人をかばって、相手の心を掴む。これが三船さんの人柄なんですねえ。(10)

《高瀬昌弘監督への手紙》粟津號

『宮本武蔵』でミフネさん使用の木刀がなんとも渋くすてきだったので、その方に（ご高齢でしたが、なんとかお願いをして）特注で作っていただき、浜村さんから受け取っているときでした。高瀬監督と電話でお話が出来たこと、嬉しいかぎりでした。

『浪漫工房』誌での対談、「二人一緒のシーンだから、先に行っても仕方ないんだよ」の、鶴田さんのエピソードに感動しました。

軍隊毛布で手作りした洋服を見に、中込・佐藤袈裟孝さんへ、ケーさん（袈裟孝氏）のご紹介でかつらの工藤さん、そして刀は浜村さん……と、ミフネさんのことなら大サービスのお手配。ホントにお世話になっています。また嬉しいのは皆さんが、ミフネさんの思い出を懐かしそうに話してくれることです。ミフネさんを語りながら、それぞれの方の生き方や人の見方、対し方まで伝わってきて、貴重な体験をしています。ミフネさんの武勇伝など伺いな

がら、

「ああ、愛され慕われたミフネさんだったんだなァ」

と、ぼくまでホンワカといい気分になります。また、ミフネさんのエピソードや人となりを語る高瀬監督自身が素敵です。感銘しました。ナニに心うたれたか、というのはその人の感性ですものね。

ほんとにヒョンなことで三船本家を訪ねることになったんですよ。

秋田の出稼者が上野駅でおしっこしてる間の悲劇的な事故死。その方の故郷が三船本家のある所だったのです。ひとり舞台は何本か演りましたけど、俳優として〝ミフネさんをよく知ること〟は勉強にもなること。そう決心したのですが……思ったよりはずっとずっと「大きなもの」をいただいている思いです。涙が出るほどの〝ありがたさ〟をどっさりと「差し入れ」されています。魂を込めて皆さんからいただいた「ミフネさん」を伝えたいと思います。まずは三年計画で、育てて練りあげ、そこそこ麓にたどりつきたいな、そして皆さんに押しあげられて一歩一歩、山へ登りたい……。「男がツラで飯を食うのはイヤだ」……そんな「ひとこと」を手がかりに。

どうぞよろしくご指導ご教示のほどお願い申し上げます。（つり糸にヘンな雑魚が食いつきました。スイマセン）

その高瀬監督の思い出をもうひとつ。

――或る日の東宝同友会（スタッフ・俳優の会）受け付けにいる私達に近づいた三船は、「セットの裏手に弁当を置いてある。手すきから食べろよ」

丁度昼めし前から受け付けに並んでいて、食事をしていない私達への心づかいであった。三船はそれらのことを人目につかぬように云うと、自分の手が弁当を運んで来たことを恥じるように、すっと遠ざかった。⑽

《高瀬監督からの返事》（抄）

お便り落手致しました。三船さんを通じての不思議な御縁、嬉しく読ませていただきました。

私のおつき合い願った俳優の中で三船さんは、ベストの細かい心づかいをなさる方。このうえなく立派な方と思っております。貴方の一人舞台、観れる機会あればご一報ください。ぜひぜひ拝見致したいものです。

また、秋田魁新報の記事（粟津執筆）、私の知らぬもの多く、これも又、興味深く拝見致しました。稲垣さんとの十数本の三船出演作品。黒澤さんの『隠し砦の三悪人』など、語っても語っても語り尽くせぬ思い出が浮き出して参ります。

どうか何時までも三船さんが貴方の心の中で、生き続けますように……。
三船さんと共に生きて下さい。

殺陣《たて》師の宇仁《うに》貫三さんとわたしは、松竹京都撮影所で仕事をともにする仲である。その宇仁さんがミフネさんの思い出をこう語ってくれた。

――三船社長とは『赤ひげ』や『荒野の素浪人』など、ずいぶん永い間、立ち廻りの相手をさせてもらいました。他の役者さんは刀が当たる寸前に手を縮めて抜くのですが、ミフネさんは袈裟に斬っても、抜き胴でも実際にバンバン当ててくるので、怖いくらいでした。役になりきっていて、あのパワーで睨まれると、まともに立ってはいられません。そして、あの目で本当にくるんです。かかり手にはミミズばれが出来るほどで――それは勲章でもありましたが――こっちも生キズ覚悟で身体ごと立ち向かいます。フィルムを一コマ一コマ見ても、像が流れて写っていないほどのスピードと迫力。ですから刀も竹光には見えません。重みがあるんです。それが相手を倒す迫力になり……。リアルなんです。豪快でしたね。

二日酔いの朝など、ミフネさん、現場でこんなことを云うんです。
「きょうは〝目薬〟で死んでもらうよ」
なんのことかな〝目薬〟って?

聞き返すと、

「『サンテ・ド・ウ』って云うだろ。つまり、一手、二手、三手で死ぬんだよ」

ミフネさんは純真でまっすぐ、裏表の一切ない、まじめなひとでした。みな三船社長を恐がっていましたが、ふところへ飛び込むと、あんな面倒見のいい、やさしい人はいません。

——三船社長との出会いですか。

私は尼崎市（兵庫県）出身なんです。高校を卒業してから知人のいる宝塚映画製作所に通っていて、スタントを演《や》らせてもらっていたのです。三船社長が来られたときに、私の身の軽さを聞いたようで、

「東京には東宝の撮影所があるよ」

と声をかけてくださいました。

そんなことがありましたので、社長を訪ねて上京したのです。

私の家族が病気になったことがありましてね。そのときなど、すぐに病院を手配してくれて、さあ、入院しなさいって。しかし、自分のことになるとからっきし臆病で、検査だけだというのに病院から逃げ帰ってくるんです。とても子供っぽかったりするんですよ。子供であり、大人であった……とにかく、人間的魅力に満ち満ちた人でしたね。殺陣師としてでなくとも、一緒にかかわっていたいひとでしたよ。

映画評論家・白井佳夫氏は『赤ひげ』撮影時の三船さんを、次のように記している。

——真夏の太陽がジリジリと、照りつけた。

オープン・セットには、もちろん冷房装置などというものは、あるわけもない。しかも三船敏郎の扮する名医赤ひげこと、新出去定が演じるのは、真冬のシーンなのである。従って彼は冬の衣裳を身につけている。彼のまわりにいる養生所の患者たちは、冬用の綿の布団にくるまっている。ただでさえむし暑い上に、大量の照明ライトが、ガンガンと赤ひげの頭上から情け容赦もなく、浴びせかけられる。冗談ではなく、三船敏郎の時代劇のマゲの上から、うっすらと煙がくすぶり始めたことさえあった。温度が発火点に達して、火がつきかけてしまったのである。本当の話で、そのくらいに暑い。…略…

それでも、赤ひげを演じる三船敏郎は、端然として臆するところなく、演技をしていた。二回、三回、四回、五回とくり返される本番撮影にも、平然と応じてまったく暑さを感じさせない。私には彼が氷入りの飲料水を飲むところも、塩の錠剤を服用するところも、目撃したことがなかった。汗もまったく、かかないようなのである。いつものように、セリフは完璧に頭の中に入っているので、シナリオを改めて見る、などということもしない。いつもの黒澤組の撮影の時とまったく同じで、ペースを乱すことなど、いっさいない。…略…

「黒澤組での三船敏郎とは、いつもああいう風なのさ、すごいだろう！」

と、古参のスタッフが教えてくれる。なるほど、これが、「黒澤作品に出た時の三船敏郎」そのものなのか、と改めて私は感じ入ってしまった。(14)

――初めてわたしがスクリーンのミフネをみたとき、縦横無尽に走り回る突出した運動神経とともに、その胸板の厚さや逞しい筋肉に気がついて驚かされた。特別なトレーニング、あるいはスポーツで鍛えているのですか？　という質問にミフネは、

「いやあ、何もやりませんよ。仕事のため以外のことはまったくやりません。野球も相撲もレスリングにも興味はありませんな。野球はナイターを一回見たことがあるだけだし、筋肉といったって、ボディビルなんかでついた筋肉は特別ですからすぐにわかりますよ。あれは自然じゃないですからね……。自分からやるのは庭掃除くらいなもんです」(15)

昭和四十四年（一九六九）八月、三船さんは秋田農業大博覧会開会式に、秋田の顔として招かれ、来秋している。

八月二日、午前九時、開会式が行われた。その主会場（秋田臨海工業用地）から第二会場となった新農村大潟村を経て、三船さんは国定公園男鹿半島の名所・寒風山《かんぷうざん》に案内されている。

寒風山は裾野の長い――山全体が緑の芝生に覆われている。稀有な優美な山である。標高

は三百五十五メートルにすぎないが、そこからの眺望は抜群だ。三方には群青をなおも濃くしてひろがる日本海、残る方向には干拓されたばかりの大潟村の水田が整然と横たわる。なにしろ広い。しかし、冬にもなるとシベリア颪《おろし》がまっさきに来る。寒風颪とも。呼び名のごとくの山である。

わたしの連れあいはわたしと同郷である。

当時、高校生だった彼女はその夏休みのほとんどを寒風山頂上に建つ回転展望台売店（秋田県企業局）でアルバイトをしていた。

——その日のことはよく覚えています。

「三船敏郎が来た！」

全山芝生の山の頂上は、大変な賑わいになりました。わたしは回転展望台売店にいたのですが、そのとき、三船さんを見てはいません。ええ、寒風山に来たひとはみんな必ずここに来ます。三船さんは、あえて人混みを避けたのでしょうか。少し下の、駐車場に面した売店にいた友だちは、「三船さんを見ましたよ」と云っていました。

三船さんにはお会いしませんでしたが、倍賞千恵子さんにはお会いしました。倍賞さんのお父さんが秋田出身なのです。

売店で、わたしから絵葉書だったか、オレンジジュースだったか――その両方だったかもしれません――買ってくれました。あんまりお化粧はしてなくて、白いワンピース姿が夏のひかりでより輝いていて感動でした。それからわたしは会うひとごとに「倍賞さんは素敵で……」と話したものです。女優さんというよりも東京のひとという印象でした。式典にご招待されていたんですね。

それからミフネは鳥海町の三船本家に向かったのだった。

後年、彼女が三船さんに会ったのは、都内のある会員制倶楽部だったという。そのときの印象を、彼女はこう語る。

――偶然でした。広い店内でしたが、擦《す》れちがったとき――グレイっぽい洋服でしたが、あまり大柄でないのに驚きました。しかし表情はきりりと美しく、擦れちがっただけなのに、その射るような眼がわたしから動かなかった。印象的でした。すべてのものを、きっとそのように視るひとだったのでしょう。のちに『隠し砦の三悪人』撮影中のエピソードを知ったとき、あの倶楽部で擦れちがったときの、あの三船さんの眼差しが電光のように憶いだされました。

『隠し砦の三悪人』撮影中のエピソードは、誰でもがよく知るところだ。

『独立愚連隊』（昭和三十四年）で三船さんと共演したマコちゃんこと、佐藤允《まこと》はこう話す。

——三船さんの最大の魅力は、あの大きな目です。ゴッホの描く太陽のようにグルグルと渦を巻き、炎がメラメラ燃え上がっているように見えます。その目で睨まれると誰もがブルブル震え上がってしまうのだ。

黒澤明監督の『隠し砦の三悪人』の撮影中のこと。黒澤監督は、毎朝仕事に入る前、長時間をかけてカメラのルーペを覗かれる。そして登場人物の配置が入念に行われる。突然、黒澤監督が大声で叫ぶ。

「おーい、助監督。その中に一人メガネをかけている奴がいるぞ。メガネをはずせ。ちゃんと見ろよ」

確かに時代劇にメガネや腕時計は絶対タブーだ。金歯にはニスを塗られる。

照明部の監督さんが横から云った。

「監督、あれは三船ちゃんの目ですよ」

確かにカメラから百メートルぐらい離れた地点にいる三船さんの目だけが爛々と光って見える。この目の輝きはいったいどこから生まれて来るのだろうか？……。三船さんの集中力の凄まじさをまざまざと見せつけられた一瞬でした。

また、佐藤允がフランスに住む知人家族との午餐会のとき、そのファミリーの母親が云った。

「三船さんは、日本映画の申し子ですね」

佐藤は応えた。

「そうです。ミフネさんはフランス映画界のジャン・ギャバンとおなじです」

とその存在の大きさをアッピールした。そして、

「ミフネさんのなかにあるのは、日本の葉隠れ武士道精神です」

同席していた編集長がいう。

「わがフランスにもそのような訓えがあります。騎士道精神です」

佐藤はフランス文化に詳しい。脚本《ホン》を書いたと教えてくれた。いただいた脚本が手元にあるが、そのタイトルは「Belle nuit à paris（街よ眠れ）」である。

そして佐藤はわたしに、

――「美しさ」「すてきさ」「凄さ」は客が感ずること。

赤裸々な三船敏郎を描いてよ。美化せずにね。

第八章　父・三船徳造　妹・君子さん

三船敏郎は、大正九年（一九二〇）四月一日、中国山東省青島《チンタオ》市で、三船家の長男として生まれた。三船敏郎は本名である。青島はもとはドイツ領であったが、第一次世界大戦ではわが国が勝利して、大正七年には日本の占有となっていた。

母親の名前はセン。新潟の旗本の娘で、敏郎の下に弟・芳郎と妹・文子、君子がいる。年譜にはそう記載されている。

しかし、それ以前、徳造が永住を決意して青島に渡ったころ、鳥海町役場に残された徳造の兄・帆平の戸籍原本によれば、弟・徳造は中国で多満という女性と結婚し、三船本家から分家独立したことになっている。ときに徳造三十七歳、多満二十四歳。しかし、多満さんは夫婦となって間もなく、中国で亡くなっている。

敏郎は徳造が四十八歳のとき、再婚したセンとの間にもうけた長子である。セン夫人はどんな妻であり、母であったのだろうか。

そのころの写真が残っている。「大正十二年」と書き込まれ、確かに父・徳造が写っているのだが、裏書きには「三船秋香」とある。

わたしはとまどった。

「これは徳造さんですよね。でも〝秋香《しゅうこう》〟って書いてありますが……」

ツヱさんにきいてみた。

「ああ、それは徳造さん。ずっと秋香って名乗ってたから」

徳造は風雅を楽しむひとでもあった。秋香は雅号であり、母・センも結婚後、和子と改名している。

ミフネは語っている。

――私の父は明治時代に満州で貿易商をしていました。

義和団事件（一九〇〇）のときから中国に行ってたそうです。日露戦争では従軍キャメラマンみたいなことをやっていた。父がどんなつもりで満州にとび出して行ったのかはしらないけれども、とにかく当時のひとたちは、どんどん海外へも進出していったようです。

ミフネの実妹・毛保《けぼ》君子さんは、今も静岡に健在である。大正十五年（昭和元年・一九二六）

生まれ。永年ハワイに住んでおられた。頂いたカードには、活字のように律義な英文字が並んでいた。

語ってくれた。

——長兄・敏郎は父のようにわたしを心配し、面倒をみてくれました。

「君子、君子」といつも心にかけてくれて、その愛情の深さには幸子夫人が、

「君子さんはもう結婚しているヒトなんだから」

と、嫉妬するくらいでした。いつまでも小さい子供のように思っていたんでしょうね。

敏郎と芳郎の兄弟は、どっちも責任感が強くて。皆さんは〝勇気〟があるといいますけれど、ヒトが好くてネ。頼まれたらイヤといえない性格で、妹のわたしですら「お人好しもいいかげんにしなさい」

と忠告していたほどです。

「昭和二年（一九二七）、大連、徳造叔父ノ家庭」と記された写真がある。

学生服姿の敏郎七歳、セーター姿の芳郎六歳。

ふたりの少年が愛くるしい目でまっすぐこちらを見ている。一歳の君子は、椅子に座った

洋装の母・センの膝のうえに抱かれて何かを云おうとしている。可愛いい盛りである。華やかさを秘めた古風な大柄な顔立ちの母である。

ツヱさんが語る。

徳造さんは昭和十六年（一九四一）九月十五日に六十九歳で亡くなりましたが、徳造さんを最期まで看病したのは君子さんですよ。気持ちの優しいヒトです。

由視《ゆみ》が生まれて一歳くらいのときだから、昭和二十三年ごろですか？　君子さんがわが家で一緒に暮らしていて、よく由視の面倒をみてもらいました。

「君子さん、由視頼む。見ててけれ」って。そしてわたしは用事してました。

君子さんの幼いころに、母親が三人の子供を残したまま出ていってしまい、そのまま再婚してしまったんです。トシローさんが世に出てから、父親の違う妹がトシローさんに会いに来たと云ってました。トシローさんは巌として会おうとはせず、そのまま帰したということです。

トシローさんは、母さまのことについては何ひとつ語ろうとしなかったス。

ある日のテレビ⑺でミフネさんは語っている。

「軍隊にいたとき、部隊長の家族の写真を撮れ、といわれましてね。その写真が傑作で〃技術優秀である〟というので教育隊に残された。結果、関東軍司令官山下奉文に率いられた第二十五軍が南方作戦に出撃したとき、自分は内地の第八航空隊へ転属された。激戦地には行かずにすんだ。南方へ転戦した者はほとんど戦死してしまったので、私はカメラで命拾いしたんです。写真の腕はいいですよ。何でも撮りますよ。ヌード以外はね。いや失礼」

トシローさんはどこまでもシャイで、フェミニストである。ヒーローのポーズを匂わせながら、ときおりニヤリを笑ってみせる。ミフネさんの優しさだ。

そんなトシローさんが、本当のところは母をどう思っていたのだろうか。

前述の「昭和二年の写真」のとき、敏郎は七歳。このときはまだ母がいる。

長男は母のいいつけを守りながら、弟と妹の面倒をみていただろう。母のことばや優しさを一身に受けていたにちがいない。

映画『千利休・本覚坊遺文』（一九八九）を巡る対談では、「おふくろがお茶をやっていましてね」

そして、

「戦争中、滋賀県の部隊にいたときなんか、古参兵同士で、竹藪で隠れて茶をたてたりなんて、粋なこともしてたんですよ」(20)

トシローさんが母親を語ろうとしないのは、母の温もりが忘れられないからではあるまいか。新潟の旗本の娘だったという美しい母であればこそ、去られた哀しみは深い。再婚したと聞けば尚更である。もう自分たちが訪ねていける母ではない。傷は癒えず、語りたいにもその愛憎を盛ることばが見つからなかったのではあるまいか。

当のミフネさんはその辺の愛情を、二十九歳のときの回想録『幾山河』のなかで、

「私は海が好きだ。今も私はじっと横浜のあおい海を眺めながら、何時帰るとも知れぬ父母の追想にふけっている」

と筆を擱く。

しかし、前述のテレビでは、

「両親は私が兵隊に行っているときに亡くなりました」

といいきっている。確かに父は、入隊した翌年に亡くなっている。けれど母は――母に関しては、存在にピリオドを打つことで、母への想いを絶ちきっている。いや、公言することによって母を、かけがえのない大事な母の思い出をやさしく包んだというべきかもしれない。

一九八四年、水野晴郎氏との対談では、

――日本にはご親戚は無かったんですか？

三船　いえいえ、親父の本家が秋田にありましたし、たくさんいました。

（戦後、食糧はなにもなかったが）田舎は秋田だから米はあるんで、行って、一俵ずつ担いできちゃあ食いつないでいたんですよ。(24)


トシローさんに米を持たせた功労者、本家のツヱさんのこと――

ツヱさんは東由利郡の生まれで、母は長谷山キヨエ。婿とりで、夫は郵便局長をしていた。出かけるときは袴に着替えていたという。

弟は医師、生家は代々の地主であった。


ツヱさんとわたしの母・教子《のり》は言葉遣いも面立ちもよく似ている。

粟津教子は、トシローさんの誕生三日後に産声をあげた。大正九年（一九二〇）四月四日。旧姓・照井教子。生まれたところは秋田県横手盆地の東、平鹿町浅舞である。真宗寺院・玄福寺の長女であり、兄と妹がいる。

しかし、トシローさんの誕生日も実は四月四日が本当らしい。とすれば、トシローさんとわたしの母は同じ年の同じ日に生まれたことになる。

《四月一日《エイプリルフール》に生まれて　三船敏郎（三十六歳）》

誕生日のお祝いなんてのも、生まれて一度もしたことはありませんよ。それに、私の本当の誕生日はどうやら四月四日らしいですよ。なんでも、おやじが四月四日は縁起が悪い。それに二、三日の違いで早生まれになるものですから、四月一日に届けたらしいんです。生まれた場所は中国の青島です。(18)

照井の姓は横手・平鹿周辺に多い。三船本家にも十八歳で嫁いできた照井トクという女性がいる。

帆平の長男・哲太郎の妻・トク（哲朗氏の母）は、雄勝郡明治村・照井久左衛門の四女である。現在は町村合併によって、羽後町明治地区となっている。

そこの照井家といえば名うての旧家であり、トクの嫁いだ当時は当主・久左衛門の壮年期で、家勢はいよいよ盛んであった。同地出身で県会議長も務めた大日向作太郎（政界引退後は、日長金山の経営を手がけた）が取りもつ三船家・照井家の大婚儀ではなかったか……と羽後町在住の詩人・小坂太郎氏（七十歳）は推測する。

小坂氏はかつて、明治中学校の教職にあったが、昭和四十三、四年（一九六八、九）ごろ、同校の校長はわたしの母・教子の兄・照井静教《じょうきょう》だったと教えてくれた。さらに、「そのころ、反戦映画『ひとりっ子』（一九六九）を全校生徒に上映して観せたことがあります。

その映画に粟津號さん、あなたが出演されてましたョ」

ナント、巡り巡ってわたしがついに伯父・照井静教とともにトクの里・明治村につながっていたのであった。

先日、その当時発行された、わたしと映画に関する紹介記事が送られてきた。そこには次のように書かれてあった。

映画『ひとりっ子』（家城巳代治監督）には、俳優小劇場所属の新人粟津祐教《ゆうきょう》（註・筆者の本名）君が出演しており、県人の期待は大きい。

解説……戦争の苦しい経験をもつ母・とみは、息子・新二の防衛大学合格に泣いて訴える。「おかあさんは自衛隊や防衛大学が良いか悪いか判らない。でも戦争の匂いのする所へはやりたくない」

一方、

「月謝もいらず、月給までもらえる防大は良い」

と、喜ぶ父・大介。生計の苦しいわが家だけに悩む主人公・新二。

そして押し寄せてくる「沖縄かえせ。安保破棄」の声。(21)

わたしの母・教子は一九九三年三月末日に心筋梗塞で倒れ、四月十九日、不帰のひととなった。

トシローさんが心筋梗塞に襲われたのは一九九二年十二月である。いったん回復するも、再び倒れたのは、わたしの母が倒れた丸一年後の同じ日だった。

それ以後も入退院をくり返しながら、生来の精神力でアメリカ映画『ピクチャー・ブライド』（一九九三）や熊井啓監督『深い河』（一九九五）に出演している。

ミフネ最後の出演作となった『深い河』（原作・遠藤周作）は、インパール作戦が失敗に終わり、「白骨街道」を敗走していく日本軍が極度の飢餓状態にさらされる。ついには、自決した戦友の肉を食《は》む。その罪――それは又、戦争に参加しなければならなかった日本人の良心だった――の意識にさいなまれながら戦後の五十年を生き、そして死んでいく元兵士の話である。

このころミフネはひどく体力が落ちていて、健康状態は最悪だった。調布・日活撮影所ロケで、しかしライトが輝き、いったんカメラが回りだすとミフネの演技はいささかのゆるぎもなかった。また八時間という長い撮影もあったが、その集中力は変わらず、気迫には鬼気迫るものがあったという。

巷では老人性痴呆症などと囁かれ、事実、ときどき意識が朦朧とすることもあったようだ。

が、しかしそのような状態でなお映画づくりに執念を燃やすその姿勢に、わたしは敬意をはらいたい。カメラに向かっているかぎり〝世界のミフネ〟であったのだ。その意志と執念こそが俳優《わざおぎ》の魂というものであろう。

第九章　劇団 俳優小劇場

昭和四十三年（一九六八）。

小沢昭一、小山田宗徳、早野寿郎、露口茂らが率いる劇団・俳優小劇場の俳優養成所第二期生の入所試験には、定員四十名に対して八百人の受験者があった。

試験の一項目であるパントマイムの課題は、「あなたの考える〝男らしさ〟を表現してください」というものだった。わたしは懸命に石を持ち上げる男を演じたが、真っ赤になってリキんでみせただけだったようで、あとで恥じ入った。

結果は補欠合格。

入所後、早野さんが云った。

「いい役者は補欠で入るんだよ。東野英治郎、三船敏郎、そして……粟津君、君かも知れない」

当時、劇団は稽古場を修理する必要に迫られていた。その費用を念出するために、今年は三人も〝補欠〟を採ったのさ……とわたしにささやく劇団員がいて、地団駄を踏んだものである。

が、そのなかで今も俳優を続けているひとが何人いるか。五人もいるかどうか、であろう。才能のあるひとだけが生き残ったとはとても思えない。むしろ逆だ。世に出ることなく消えた才能たち。そのことの多さを思う。

わたしが俳優を志したのは父・祐逸《ゆういつ》のすすめである。父は高校の国語教諭だったが、祖父・祐智の死去で住職となっていた。

わたしの生家、貴栄山・円應寺《えんのうじ》は親鸞を宗祖とする真宗大谷派の末寺である。室町時代に天台宗から改宗、以後六百余年を代々の住職が継いできた。

十八世の粟津祐逸は大正四年（一九一五）生まれ。ミフネより五歳上である。二十六年前に他界した。享年五十七。

はじめて父に進路を相談したのは大学三年の冬である。

いずれ十九世の住職として寺を引き継ぐことになろう身である、とりあえずは教師か……そんな軽い気持ちだった。が、父からは意外な反応が返ってきた。

「おまえも夢のない男だなァ」

父は吐き捨てるように云って盃を干した。

　――あれは、わたしが中学二年生の春休みだった。東京から映画のロケ隊がわが故郷・男鹿半島にやって来た。映画は東映教育映画『なまはげ』（黒川義博監督）で、当然ながら秋田の地が設定という物語である。しかし、言葉の問題があったのかどうか、まだ主役は決まっていなかった。その主役を現地で探そうと、スタッフが男鹿地方約三千人の男子中学生をさがしまわったという。

　そして選ばれたのがわたしである。主役の少年・余四郎は心の純粋な、少し知能が遅れている孤児。この雪国の子は継母《ままはは》、継父《ままちち》のもとで送る日々の辛さを忘れるために、なまはげに夢を託し、なまはげを父のように思う……そのような役柄だった。

　父はそのことを覚えていたのだろう。

「住職？　それは弟にやらせたっていいんだよ。おまえ、夢はないのか？　中央でパッと活躍してみたいとか……。映画で主役演《や》ったこともあったろうが」

　父は若いころ、あの広大な大陸――モンゴルに渡って新聞記者になりたかった。祖父は医者になりたかった。が、親から、

「人はいずれ死ぬ。医学で少しばかり延命したところで、しょせん、短い一生。大したことではない」

　と説かれて、大谷大学へ進んだという。

十八人の歴代住職それぞれにやりたかった夢があり、なかにはそれを断念して跡を継いだ先人もいたに違いない。父はそんな立ち枯れた夢たちを思い、十九世となる息子に、別なる希望や才能があればそれを叶えてやりたい、と考えたのであろう。

「……だから」

と、父が盃をくれて云った。

「おまえは中央に出て、やりたい夢を目指せ」

「それじゃ」

と、親父が息子に託した夢を追ったわたしである。

母は反対した。寺に嫁いで来て、十九世となる息子を産み、育てあげる坊守《ぼうもり》の使命は、男の夢などよりはるかに重い。

母の落胆から目をそむけるようにして夜行列車に乗り、わたしは東京へ戻った。と、その日の夕刊に、

「あなたも俳優になれる！

日本演技アカデミー　生徒募集」

入学金は三十万円とある。まもなく春休みになったこともあり、わたしは飯場へ二カ月間住み込み、ガス管工事の夜業でなんとか入学金をつくった。

こうして大学四年時の夜は「日本演技アカデミー」生徒となった。そこは劇団に入るための予備校のようなところで、小さな校舎とわずかな生徒だったが、思い出は強烈だ。

若き西田敏行や、デビュー前の藤圭子こと阿部純子が同じクラスにいた。

阿部は十七歳。明るい楽天的な少女だった。ときどき、

「みんな聞いて！」

と、畠山みどりの『出世街道』を唄って聞かせていた。やがてデビューした阿部をテレビで見て、

「あれが純子ちゃん？」

と、わが目を疑った。あんな暗いイメージでのデビューとは思いもよらなかったのである。

昭和四十四年（一九六九）、『新宿の女』。デビュー曲である。続いて翌年大ヒットしたのが『女のブルース』そして『圭子の夢は夜ひらく』。売り出しのキャッチフレーズは「演歌の宿命を背負った少女」であり、これらのヒット曲は藤圭子の人気をたちまち不動のものにした。

演技アカデミーの卒業写真で、わたしの隣に並ぶのが西田敏行である。

後年、ＮＨＫ大河ドラマのスタジオで「ヨオッ」と声をかけられたことがある。振りかえると西田だった。思わずわたしは「ハハッ」と最敬礼していた。お互い衣裳をつけていて、向こうは太閤秀吉で、わたしは足軽だったのだ。

第十章　讃

平成十一年（一九九九）一月二十四日、ＮＴＶで放送された『知ってるつもり!?　三船敏郎』は、視聴率十六パーセントを超し、あらためて〝世界のミフネ〟を認識させた。

ミフネの生涯を三期にわけて見てみたい。まずは《誕生から少年期を経て六年間の軍隊生活、および復員兵としてのミフネ》である。

「三船敏郎の眼光は戦争がつくったものだ」という人がいる。

昭和二十一年夏、父・徳造の生まれ故郷・鳥海町小川の三船本家に身を寄せ、米一俵と布団一揃いをかかえて東京行きの夜行列車に乗り込む。ときにミフネ二十六歳。「何でもいい、食えれば」と、東宝のニューフェイス試験を受けた直後の秋田行きであった。無一物からの出発。まだ何者でもなかった若きミフネの姿がそこにある。

映画監督・黒澤明の父・勇氏は中仙町豊川の生まれで、明治のはじめ、青雲の志を抱いて豊川から東京に歩いて向かった偉丈夫である。

オンチャ　オンチャ鳥コ　何しに出はった
腹へって出はった
腹へったら田作れ
田作れば汚れる……

幼いころ口ずさんだ堂々めぐりのような童唄だが、「オンチャ」とは長男以外の男兄弟のことを意味する。秋田では長男のことを「ヒナ」（古語の「兄な」に由来する）、弟たちのことをまとめて「オンチャ」あるいは「オンジ」と呼ぶ。家を継ぐのはヒナだけで、オンチャやオンジたちは家から出て、他郷でそれぞれにひと旗なりふた旗なりを揚げるべく宿命づけられている。地元では「オンジの踏んばり」と当然のようにいう。

秋田のオンジを父に持つ映画監督と新人俳優は、まるで秋田のＤＮＡに引き寄せられるかのように出会った。

二人の巨人をそれぞれに取材したことがあるという作家・花家圭太郎は、

――「二人とも醸し出す雰囲気が同じなんです。ひたむきで正直で……共通するものがありましたね。そうですか、二人とも父親が秋田だったんですか！」

ミフネの〈第二期〉は、大きな演出的才能と出会い、潜在する俳優としての資質が見事に開花した時代であろう。

映画作家・黒澤明は被写体ミフネに一目で惚れる。自ら監督する作品の主役に据えて、高度なレベルの演技表現を要求した。復員間もない新人俳優もまた、その要求に懸命にこたえた。撮影現場は熱気をはらみ、男と男の意地がぶつかりあう。その凄まじい戦いが珠玉の秀作、傑作を産みだしたといっていい。

黒澤明は「天皇」と呼ばれた監督である。映画創りにおいては、一切の妥協を許さない。やると云ったらやる人である。ときには鬼になっている。しかし、である。そこまでかりたてやまないものは一体何か？

黒澤明はその著書で、

――〈私の兵役〉

昭和五年（一九三〇）私は二十歳になり、徴兵検査の令状を受け取った。

そのときの徴兵司令官は幸運にも父・勇の教え子だった。（略）

「君は兵役に関係ありません」(5)

一方、三船は六年間、兵役の渦中にあった。戦争が落とした影を――いや、そんなものではなく、消化の出来ない固まりを己れのなかに抱えてしまった。

監督の（自分の作品のためだったら、どんなことでもやって当然という）妥協のない執念と、それに負けじと頑張り抜いた我慢と滅私の俳優の意地。その結晶体が芸術的高みではじけ、世界に誇る名作品となったのである。

この黄金コンビが世界に向けて放った作品は十六。そのすべてがモノクロ作品であった。

映画の都・ハリウッドでは東宝映画『七人の侍』（一九五四）を原作にした『荒野の七人』（ジョン・スタージェス監督・一九六二）や『暴走機関車』（一九八六）、さらにはＳＦ『宇宙の七人』（一九八〇）が製作された。海外の映画監督にとって『七人の侍』はもはや聖書にちがいない。

——ミフネさん演ずる菊千代は、『七人の侍』のなかでも桁はずれの侍ですね。トランプのなかのジョーカーのような存在に思えました。それにしても画面のなかでは泥水のなかを転げ回って、ずいぶんあばれていましたねえ。

——あれは一年かかってあばれていますから。

二時間であんなにあばれたら、死んじゃいますよ。(22)

セルジオ・レオーネ監督は『用心棒』を手本に、クリント・イーストウッド主演の『荒野の用心棒』（一九六四）をイタリアで撮っている。これは世界中で大ヒットになり、その後のマカロニ・ウエスタン・ブームの火つけ役になった。イーストウッドを超一流のスターダムに押しあげた。

また最近ではフィルムノワール作家・ウォルター・ヒルがギャング・アクション映画『ラストマン・スタンディング』（一九九六）のタイトルでリメイクしている。『羅生門』からは『暴行』（一九六九）がつくられた。

スティーヴン・スピルバーグ監督は大のクロサワ、ミフネファンであり、『JAWS ジョーズ』、またミフネも日本海軍潜水艦・艦長役で出演している『1941』のファーストシーンの霧は『蜘蛛巣城』の手法を真似たものだ。

『スター・ウオーズ』（一九七七）のジョージ・ルーカス監督や『風とライオン』（一九七五）のジョン・ミリアス監督もまた黒澤映画の強い影響を受けており、『七人の侍』や『隠し砦の三悪人』がヒントになって反映されている。

ミック・ジャクソン監督の『ボディガード』（一九九二）では、映画館にミフネの『用心棒』がかかる場面が挿入されている。

ボディ・ガードのプロ、フランク（ケヴィン・コスナー）が、ショー・ビジネス界に君臨するスーパースター、レイチェル（ホイットニー・ヒューストン）の護衛を依頼されるというストーリーだ。

レイチェルとの初デートのとき、フランクが連れて行ったのは、日本映画を上映している映画館だ。上映中の作品はクロサワ監督の『用心棒』。

ミフネ扮する桑畑三十郎が、三人のヤクザをあの早技で、迫力で斬る。
ヤクザの片腕が吹っ飛ぶ。
映画を見終わったふたりは、歩きながら、
レイチェル「なんで死に急ぐようなことをしたのかしら？」
フランク「死を怖れないというのと、死に急ぐというのは全然別だよ」
レイチェル「じゃあ彼が強いのは、死を怖れないから？
　　だから無敵なの？」
フランク「どう思う？」
レイチェル「最後に勝ったのだけは確かね」
フランク「何度みてもいい映画だ」
レイチェル「ほんとに。
　　あの映画、まえに何回ぐらい見たの？」
フランク「六十二回かな」

レイチェル「六十二回？」
フランク「見過ぎかなあ」

さて日本では……


『用心棒』ではセカンドにあった出目昌伸監督は、

――たとえば助監督を含めて、みんな一生懸命やっています。それでも黒澤監督は気に入らない。ダメだという。

とうとう、一生懸命やっているんだからしょうがないと、ぼくたちは思うのですが、

「仕事だから一生懸命やるのは当たりまえだ。われわれの仕事は、出来上がったものが良いか悪いかだけだ」というようないいかたをするんです。その辺はちょっと怖い人ですね。(30)

『用心棒』は驚くべきヒットとなった。東宝からはそれに続く〝第二弾〟をつくるべきとの提案がでた。

早速に菊島隆三・小国英雄・黒澤明による脚本が作られた。『椿三十郎』である。

劇中、城代《じょうだい》家老陸田《くがた》の奥方は、

――あなたはなんだかギラギラしすぎてますね。
三十郎「ギラギラ？」
――そう、抜き身みたいに。
あなたはサヤのない刀みたいなひと。よく斬れます。
でもホントにいい刀はサヤに入ってるもんですよ。

そして劇のラストでも、
三十郎は室戸半兵衛（仲代達矢）を斬ったあと……
――こいつは俺そっくりだ。抜き身だ。
こいつも俺もサヤに入ってねえ刀だ。
でもな、あの奥方が云ったとおり、本当にいい刀はサヤに入ってる。

黒澤監督とミフネの姿が浮かんだ。
原作となった山本周五郎「日日平安」の頁をめくった。繰りかえしてまでもいわせたかったのは〈三十郎のミフネのために〉三人一致で書きあげた台詞《せりふ》であった。

かつてロサンゼルス・日本人街の小さな映画館に『羅生門』がかけられた。それをみて衝撃を受けた、揺さぶられてしまったひとりの男がいた。その男は翌日も、その翌日も毎晩そこに足を運んだ。

「こんなにきれいな映画は生まれて初めてみた。カメラでこんなにも話のできる監督なんて初めてだ。このクロサワという監督は、まるで映画界のシェークスピアだ」(11)

彼の名はリー・J・コップ。

アーサー・ミラーの戯曲『セールスマンの死』の主人公、ウィリー・ローマンの演技でその名を知られた。映画『波止場』(一九五四)では、地元のギャングであるジョニー役を、「カラマゾフの兄弟」(一九五八)では家長のフィヨードル・カラマゾフ役を演じてアカデミー助演男優賞の候補にもなっている。アメリカでも揺るぎない実力派の俳優である。

壊れかけた『羅生門』。

天が落ちてきた日、のような豪雨、はやまない。

スクリーンを観ているものは、もう物語のなかにいる、

「わかんね、さっぱりわかんね」

物語は平安時代、杣《そま》売りの目撃談からはじまっていく。

盗賊にだまされた旅の侍《さむらい》が森のなかで、木に縛られている。その目のまえで侍の妻は手ごめにされる。侍は死に、殺人事件になっていく。

検非違使《けびいし》の庭、裁きの白州で巫女の口をかりて語る侍の霊。生き残ったあでやかな妻、そして盗賊。

三人三様、自分を正当化することを云う。事実がまるで食いちがう。それだけではない。目撃していた杣《そま》売りの光景もまたちがうのだ。こうなると四様で、真相は聞くほどに数のなかだ。描かれているのは人間の抱える迷路そのもの。それにしても人間の内面というものは、なんとボーダレスなものであるか。

そして画面では、三人の生命というようなものが、はじけるように躍動している。とりわけ盗賊の、真珠のような汗をしてとびまわる様はまぶしいほどに美しい。

――フランス、カルチェ・ラタンの一角にある有名な「シネマ・テーク」の管理者であるメールスン女史は、「クロサワは現代のミケランジェロ」と、最大級の形容詞でいう。

一九九五年、ニューヨーク・ブロードウェイの舞台に『羅生門』が再現された。すべてアメリカ人の手によって、映画に忠実に演出された。しかし、映画の底に流れる詩情だけはどうすることも出来なかった。

ミフネ役のロッド・スタイガーが云う。

「演技ではミフネに劣るものではない。が、ミフネの魅力にはどうにも太刀打ち出来ない」

イギリスでも同じようなことを聞いた。

ミフネ・クロサワ作品がもてはやされる一方では、それに対立する映画評が当然起こる。イギリスのある新聞は、真っ向から「クロサワ・ミフネ映画＝残酷な異常神経者の作品」と決めつけた。しかしこのふたりの、人々を魅せてやまない人間性についてのアラ探しは出来ず、それ以上書きたてることは出来なかった。(11)

これらは、クロサワ・ミフネの〝旬〟の作品であり、日本映画が世界に向けてその存在を示した黄金期でもあった。

〈映画評論家・白井佳夫氏の証言〉

『羅生門』は戦後五年、一九五〇年に完成した。翌五十一年、ベネチア映画事務局から参加要請があったとき、映連（日本映画製作者連盟）は「入賞はあるまい。無駄使いだな」と冷淡だった。イタリア語のスーパーを入れ、出品フィルムを作るだけで、映画入場料が八十円のときに、三十六万円も必要だった。グランプリの獲得が外電で伝えられたときも「ところでグランプリって何だね」と真顔で尋ねる幹部がいたほどだ。(27)

〈映画評論家・佐藤忠男氏との後日談〉

佐藤――『羅生門』もよかった。

三船――『羅生門』は戦後ベニスでグランプリをもらったということで、日本映画が世界に知られるようになった一つのきっかけになった作品ですからね。あれは川喜多かしこ夫人と、イタリア大使館のストラミジョリ女史、文化担当の。お二人方でいろいろな作品を見て、『羅生門』がいいというわけで出品したわけです。そうしたらグランプリもらったんだけれど、グランプリって何だ、てなことでね。あのときはプロデューサーが永田社長から怒られて、何だ、こんなつまらねえシャシンつくりやがってということで、みんな左遷されて、北海道なんかへ飛ばされちゃったんだ。おれなんかには残金くれなかったよ。ギャランティなんか幾らでもなかったけどさ。

あのとき、『宮本武蔵』で伊豆のほうへ行っていたんだが、グランプリをとったなんて新聞記事出ていたよ、なんてだれかが云っていた。その程度だった。

――こんなくだらないシャシンというので、RKOなんかに二束三文で売っちゃったんですよ。アメリカのメジャー会社というのはディストリビューターとしては世界中に市場をもっているわけでしょう。評論家の大宅先生にお会いしたとき、三船君、映画の影響力はすごいね、

といわれた。(25)

評論家・大宅壮一氏との対談では、

――『羅生門』の存在も大きいですね。イスラエルの奥地へ行ったときなんです。集団農場を訪ねたときのこと。日本人をみると、「ヤー、ラショーモンが来た」……。

非常に大きな役割を果たしていますす。もう少し、政府なんかも力を入れていいんですがね。(26)

繰りかえすが、アメリカのメジャー会社は、世界中に映画の市場を持っている。アラスカに住むエスキモーの人たちも「ラショーモン」をよく知っていた。

秋田農業大博覧会で帰郷したころが、ミフネの盛りだったのではあるまいか。この第二期ともいうべき〈華の時代〉は、五十歳を少し越えたあたりまでつづく。《東宝ニューフェイス合格から約二十五年間》であった。その後に続く《二十余年に及ぶ泥沼の離婚騒動と逆境の後半生》は、人生の谷の第三期と位置づけるべきであろうか？

第十一章　軍隊──終戦

ミフネの軍隊時代は過酷の一語に尽きる。

「〈甲種合格。昭和十五年兵、宇品港《うじな》へ集合〉というので、忘れもしないな。〈あるぜんちな丸〉に乗って、大連から宇品に行ったわけですよ。そうしたら今度は御用船に乗っけられて、貨物船ですね。船倉は暑いんですよ。下には馬なんかいてね。それでどこへ着くかと思ったら大連についた。

僕の家は大連駅のすぐ近所でしたが、貨車に乗せられて、家を横目で見ながらどんどん北の方へ入っていって、公主嶺というところへ行ったんです。奉天のちょっと手前です。そこに関東軍第七航空教育隊というのがあって、そこに入ったわけです」(25)

三船の入隊した関東軍は、「鬼も泣く」といわれたほどきびしいところだった。

「いやすごかった。そのシゴキぶりといったら。整頓が悪いの、敬礼がなってないの、態度がデカイなどといいがかりをつけられて、殴られること。初めの一年間は初年兵として徹底的にしぼられたものです。しまいには顔がいびつになり、まるでピカソが描くデフォルメした顔のように、変形したことさえあるのです」(8)

公主嶺の陸軍航空隊に入隊した三船は、

「おまえは写真屋の息子だから」

といわれ、写真班に配属された。

そこでの任務は、地上の要所を偵察機が赤外線カメラで撮影してきたフィルムを現像して航空写真を作ること。参考のために書き添えると、偵察機が使用していたカメラは、アメリカの自動航空写真機「フェアチャイルド」であり、出来上がった写真は部屋くらいの大きさであった。また特殊な眼鏡でその地図を見ると、立体的に画面が浮いてくる。そこに橋があるとしたら、その橋は何フィートの長さであるか？　工場地帯であるとしたら、そこに在る建物は、その煙突は何フィートの高さであるか？　そのような精度の高い解析地図を三十分とか一時間で仕上げてすぐさま参謀本部へ提出する、という仕事だった。それだけに経験者が必要とされ、撮影所のカメラマンたちも多数配属されていた。東宝の撮影部にいた大山年治もそのひとりである。

兵役満期での除隊のときに、大山がミフネに云った。

「除隊になったら俺を訪ねて来るように」

その時点でミフネの満期除隊は翌年四月の予定であった。しかしその後、戦局は悪化の一途をたどり、ミフネのときから満期除隊は中止になった。なんということであろうか。生死を分つ規律さえもはや規律でなくなっている。結局敗戦までの六年間いることになる。ミフネにはこのことに対する軍隊への不信・不満も少なくなかった。


三船と同じ部隊にいた漫画家・うしおそうじ氏は記す。

——ボクは、東宝に入社してから三年経って、現役兵として第八航空教育隊に写真工手として入隊した。その入隊先の内務班に、眉目秀麗な班付上等兵がいた。内務班で最古参の班付上等兵と言えば、たとえは悪いが牢名主的存在で班内を睥睨できる。ところがこの古参兵はぞんざいな口吻だが決して威張らない。

或る夕まぐれ、彼の班の初年兵が他中隊の下士官に入浴場近辺でとっ掴まり、欠礼を理由に強かに往復ビンタを喰った上、ネチネチと衆目環視の中で晒し者になっていた。丁度その場に現われた彼が、「やい、いい加減にしろい！」と、加虐者の下士官に食ってかかった。

軍隊で下級者が上級者に逆らう行為は、理由の如何を問わず「上官の命令は、即ち朕の命令……」という典範令の金科玉条に反く行為である。それを犯す彼の言動は、正に営倉か大袈裟に言えば軍法会議をも覚悟しなければならない。

「何だ、貴様は上等兵じゃあないかッ」

「おう、それがどうした。こんなもん関係ねぇ！」

と、襟の階級章をメリメリと引き千切り、

「そっちもそれを取れ！　人間対人間でいこうぜ！」

眼光鋭く、凄愴な面魂で迫った。

余りの気迫に、「もういい……」と一言洩らして相手は夕闇のなかに退散した。

軍紀軍律という非人間的不条理の壁に、彼は時に生の感情で体当たりした。言行一致水際立った彼の多くの反骨行動のエピソードは戦争が終わる迄、隊内伝説として語り継がれた。何を隠そう伝説の主は三船敏郎である。(28)


戦友や部下にミフネさんはいう。

「なんのための戦争だ。オメエら、天皇陛下バンザイなんていって死ぬな。これっきり、どうせ死ぬなら、恥ずかしがることたねえ。オカアチャンと云って死ね」(34)

むざむざと死にゆく少年に、他にどんな言葉があるというのか。「お母さん」と云っていいんだよ。

　豪放磊落にみえてはいるが、むしろ繊細な心根だ。とほうもないやさしさだ。未来を持つ生命をすでに犠牲にしているという絶望がある。この自分さえ、彼らを見送る岸にいる。見送る側のやりきれなさに押しつぶされる。

「三船上等兵が炊事当番のときは、私ら初年兵にもスイカやビールをすすめてくれました。忘れられません。それは営倉入りスレスレの、危険極まりないことでした。恐ろしく、勇気のいることでしたから」

　三船さんは気付いていたのだ。戦争という理不尽を。そのことにもまた戦っていた。二等兵、一等兵、上等兵、兵長、伍長、軍曹、准尉……と等級は続くが、一年も務めればたいていは兵長になれるという。しかしミフネの将校への嫌悪、下士官気取りへの反発は、やはりというか、軍隊での階級は、最後まで上等兵のままであった。危険分子扱いだったからであろう。

──「六年もいて、三つ星の上等兵。たいへん上等な兵隊です。六年もいて上等兵なんて、絶対ほかにはいませんよ」(29)

　ミフネさんはおおきく笑う。

また、別の対談でこうも云っている。

「ポツダム階級はなんだったんですか」

「星三つで、上等兵だったんですよ」

「六年いて！」

「はあ」

「真面目すぎたんですね」

「たいへん真面目でね。もっとも真面目の上に〝不〟がつくけど」(9)


現地徴兵で公主嶺《こうしゅれい》の第七航空教育隊に入って半年後、三船は牡丹江の第八航空教育隊写真部に転属になっている。

ここでミフネは東宝撮影部にいた前述のうしおそうじ、大山年治と一緒だった。


やがて兵役満期で除隊することになった大山は（前述に記したが）、

「除隊したら俺を訪ねてくるように」

とミフネに云った。


航空教育隊というのは地上整備員を教育する隊である。ところが北満の冬は想像を絶する寒さで、凍傷患者ばかりがふえる。教育になるべくもない。

ちょうどそのころ、南方の戦線が怪しくなって、山下奉文閣下が関東軍司令官に着任された。司令官自らが関東軍を訪れて、現役の兵隊を全員引き連れて南方作戦へ移駐した。残された学校関係（教育隊）は内地へ帰るということになる。教育隊はその後、滋賀県八日市町沖野ヶ原（現・東近江市沖野）に移転。三船もそのとき、日本に移った。二十一歳。昭和十六年（一九四一）のことである。

八日市飛行場には新しく兵舎が建てられていた。

教育隊（98部隊）には、半年間に一万人ずつという割合で兵隊が入ってきた。それらの兵隊を半年間で教育をし、各前線の航空隊――中支、南支、太平洋の各島々へ配属する。最初のころは「甲種合格」の兵隊ばかりだったが、戦争も終盤近く、十九年ごろにもなると「第二乙、丙種」の、鉄砲も担げないような兵隊ばかりになった。誰もが極度の栄養失調症に陥っていた。朝起きてこないので寝床に行ってみると、「骨と皮の骸骨になって死んでいる」――そんなことが頻繁に起きていた。

ミフネはときには同期の仲間のために、消灯後に車座になり、酒盛りなどの機会を持った。大胆なふるまいである。彼らに「後々まで忘れることができない嬉しさだった。恩人だ」と云わしめた温さであった。

昭和二十年の春からはもう兵隊をとらなくなったので、三船は熊本県下益城郡城南町隈庄《くまのしょう》の特攻隊基地・舞ノ原飛行場に本土決戦特攻要員として配属された。そこでは十六か十七歳の、まだ声変わりもしていないような学徒兵や少年航空兵たちが、機関銃の撃ち方だけを教えてもらって、沖縄作戦に出撃していく。

沖縄へ飛ぶ飛行機は毎朝二機か三機。それらは、全国の教育隊で教材に使用していた九七重や、各地から届けられてくる故障機を寄せあつめて整備したものだ。ときにはヒロポンを打って、興奮状態にして、鉢巻きをして、

「三船上等兵、行って参ります！」

彼らは飛び立ってしまうと二度とは戻らない。行ったきりである。

ミフネさんは特攻隊員として飛び立つまえの、かれらの遺影を撮っていた。特攻隊員として出ていかなければならなかった少年たちの人生にひしと向きあってきた。

「死」に突っ込んでいく彼らをみつめつづけていた。

テレビの対談(7)では、ミフネさんは話題が「彼ら」に及んだとたん、うろたえたようにひどく言葉をつまらせた。おそらく、死に向かうしか術のなかった若者たちの、瞼にやきついてはなれなかった彼らの姿が見えたのだ。「行って参ります」がひびいたのだ。そのやりきれなさがミフネさんから言葉を奪ったに違いない。あれから何十年も経つというのに……。わ

たしはそのときミフネさんの本質をみたような気がした。

ミフネさんは八月十五日の玉音放送をその特攻基地、舞ノ原飛行場の地下室で聴いた。戦争は負けた。軍隊は、軍隊毛布二枚と一円二十銭をくれて、自分を放りだしたのである。

一銭五厘の赤紙（召集令状の葉書の値段）一枚で六年間こき使われた。

とにかく戦争は終わったのだ。ともかく滋賀県八日市の原隊へ戻るとしよう。

ミフネさんが福岡まで出たときだった。

「有明湾に米軍が上陸してくる」

という噂に、周辺の人々が本州のほうへ避難しはじめていた。

駅は殺気だった避難民であふれ、列車には立錐の余地もない。鈴なりだ。列車の屋根の上にまでひとがあがっている。そんななかでようやくミフネは機関車の釜についている把っ手にぶら下がった。八月十六日の射るような太陽と蒸気機関車の石炭の燃える釜。灼熱と釜ゆでだ。軍服をひきちぎらずにはいられない。半袖半ズボン姿になった。

八日市の原隊にひとまず戻った。

東京に向かったのはそれからである。

なんということだろう。着いてみると東京は空襲で見渡すかぎり焼け野原になっていた。

写真の技術を生かそうにも、写真館などあろうはずもない。何もないのだ。その日その日の食糧探しと職探しに血まなこになっている人々の混乱があるだけだ。

まもなく弟・芳郎も軍隊から帰ってきた。幸いなことであった。そして兄弟ふたり、横浜・磯子に住むことになる。

ニューフェイス

そんななか、ミフネは米軍倉庫の仕事に就いた。

「体格がよかったですからね。一回でパスしたんですが、なにしろ腹がへっていてね。住まいの近くには輸送部門を受けもっていた池田組があった。そこのおやじさんの好意でアルバイトをはじめたわけです。磯子のほうには発動機やエンジンを造っていた石川島の工場がありましてネ。建物は爆撃を受けていましたが、設備などはほぼ完全な状態でしたから、米軍が入ってきていて、……アメリカの兵隊はコカ・コーラを飲みますからね。

コカ・コーラの原液の入ったドラム缶をフォークリフトで運んだり、重い荷物を丸太でこじ上げながら運ぶコロと呼ばれる作業をしたり……」

いずれも塩をなめなめの重労働である。しかも日雇いのため不安定なその日暮らし。定職に就かなければ、写真の腕を生かすことか、となれば、あの約束だ。

ミフネは東宝撮影所・撮影部の大山年治を訪ねた。

「トライボード（三脚）でも担がせてくれ。撮影部の助手にでも雇ってもらえないか」

「まずは履歴書を」ということだった。

提出してから一カ月後の昭和二十一年（一九四六）六月、呼び出し通知を受け取った。

「しめた！　と思って、横浜から砧（東京）の東宝撮影所まで飛ぶようにして――。初夏の青々とした草が、草ばかりが繁茂している道でした。

ところが着いてみるとどうしたものか、そこは東宝第一期ニューフェイス選考のための面接試験の会場だというのです。驚きました」

いったんは尻込みしたのですが、

「とにかく働かなければ……」

と思いなおして、受験者の列に並んだ。

撮影部に提出したはずの三船敏郎の履歴書は、大山たちの考えで東宝の第一期ニューフェイスの応募に回されていたのである。

当時、撮影所は三年も続いたままの東宝大争議のさなかにあった。会社側は組合と完全に話がつくまでは、と引きあげていて、仕方なく撮影所は組合管理のような形で運営されていた。そのため、どんな形であれ在籍していれば、欠員がでたとき、希望の部署に移動するということも可能であった。あいにくそのとき撮影部は満席だったので、主査の山本嘉次郎監督に頼んで、俳優部の試験をミフネに受けさせたのである。

応募者数四千。ミフネの受験番号は一四九である。

「試験会場の向かい側は撮影部だったので、試験当日は助手さんたちが冷やかし半分でベランダから声援を送ってくれました」

黒澤明はその日のことを次のように回想している。

自著『蝦蟇《がま》の油』を引く。

——一九四六年の六月、東宝は戦後の活躍に備えるため、俳優の募集をした。

そして、そのキャッチ・フレーズにニューフェイス募集という言葉を使い、多数の応募者を集めた。

その面接と実技の試験の日、私はセット撮影中で、その試験に立ち会えなかったが、昼の休みに高峰秀子に呼びとめられた。

「凄いのが一人いるんだよ。でも、その男、態度が少し、乱暴でね、当落すれすれってところなんだ。ちょっと見に来てよ」

私は昼食もそこそこに、試験場へ行ってみたが、そのドアを開けてぎょっとした。若い男が荒れ狂っているのだ。

それは生け捕られた猛獣が暴れているような凄まじい姿で、暫く私は、立ち竦んだまま動けなかった。

しかし、その男は、本当に怒っているのではなく、演技の課題として与えられた怒りの表現を実演してみせていたのである。

その演技を終えた若い男は、ふて腐れたような態度で椅子に腰掛けて、勝手にしろと言わんばかりに審査委員を睨め廻した。

私には、その態度がテレかくしの仕草だとよく解ったが、審査員の半は、それを不遜な態度と受け取った様子だった。

私はその男に不思議な魅力を感じて、審査の結果が気がかりだったので、セット撮影を早目に切り上げて、審査委員会の部屋を覗きに行った。(5)

ここで、黒澤明のことを書き添えると、黒澤は一九三六年、P・C・L（フォト・ケミカル・

ラボラトリーズ）映画撮影所（東宝の前身）の助監督試験に応募、助監督になっている。

このときのP・C・L採用規定では「大学卒業者」に限られていた。にもかかわらず、旧制中学校卒の黒澤が採用されたのはなぜか。

助監督試験の最初は論文提出であった。それをクリアした第二次個人面接で、明は初めて山本嘉次郎監督に会っている。話が合って、映画や音楽や絵画のことを随分話し込んだという。

第三次個人面接担当は当時、P・C・L所長の森岩雄であった。

明に最も強い影響を与えたすぐ上の兄・丙午は、「須田貞明」という芸名で無声洋画の主任弁士をしていた。この兄が森岩雄と評論仲間で、かつて懇意にしていた。かつてと書いたのは、その兄はすでに自殺を遂げていたからである。

森は明を前にしたとき、その兄のことを鮮明に思い出し、親愛の感がわいた。しかも、明が二科展に入選しているときいて、その才能に将来性を直感した。例外として旧制中学校卒が合格になった。

このときの応募者は五百人余、合格者は助監督、撮影部、録音部、事務員のそれぞれが五名ずつというものであった。

付け加えておきたい。第三次面接で、所長の横に座っていた総務秘書課長から明は家庭の事情を質問された。細かなことに及んだ。その口調が癇にさわって、思わず、「それは尋問ですか」と噛みついてしまった。所長の森が「まあ、まあ」とその場をおさえた。

——落第だな、とこのとき思った。黒澤のこの体験が、三船のニューフェイス試験のときによみがえる。


東宝のニューフェイス募集は前代未聞の、センセーショナルな社会的事件であった。

応募者は多種多様をきわめた。それまでの映画俳優というのは、人目を惹く、いわゆる容姿端麗のものがスカウトされることが多かった。それだけに踊子や水商売の女性が大部を占めた。それ以外では阪東妻三郎らの歌舞伎俳優やその血縁、あるいは琵琶劇団の田中絹代、山田五十鈴も芸能世界からの出身である。原節子や高峰三枝子は映画関係者のつてで採用されていた。

しかし、別世界と思われていたこの領域にも民主的な時代の風が吹きはじめていた。お金や家はおろか食べるものさえなく、みんなひどくやせている。

きょう明日を食べるためではあったとしても、それぞれが銀幕への夢をふくらませていた。自由の声をきいたのだ。応募者の誰もが明日のスターを思い描いていた。が、ミフネだけは違っていた。もともと撮影技師志望であり、カメラマンとしての技術も自信もあった。事実「履歴書がそっちへ回されてしまった」だけのことにすぎなかった。

そんなミフネにとって、面接官の質問はつまらないことばかりだった。

「自転車に乗れますか」

という質問ならともかく、

「お菓子をつくれますか」

「シュー・クリームくらいならつくれるでしょう」

「なに、シューズのクリーム？」

面接官がききかえす。

ミフネはあきれて返事もしない。

「君はどんな役を演りたいのかね」

「ギャングです」

真摯に応えているのだが、ぶっきらぼうな声だったろう。

「酒はどのくらい呑むかね」

「一升は軽いです」（なんの三、四升はイケルのだが）

「喧嘩は強いでしょうね」

「はい、四・五人までなら」

「笑ってください」

　そして、

「泣いてみてください」

　ついにミフネが爆発する。

「いきなり泣けたって、悲しくもないのに泣けません」

──ミフネが軍隊にいたときのこと。そこには炊事当番の役割もあり、シュー・クリームをつくったこともある。

「お菓子をつくれますか？」の問いにシュー・クリームと答えたのは偽わざること。それを「シューズのクリーム？」とは？　なんという受け止めだろう。

　監督・山本嘉次郎は次のように記している。

──男女とも集まる数は予想を越えた。

　いまだからいえるが、俳優志願というのにその服装はひどいものだった。むしろボロといってもよいほどだった。冬のこととて外トウで表面はうまくゴマ化しているものの、下は何を着ているか想像できた。審査委員長をしていたわたくしは、窮状を察して外トウのまま審査をすることにした。これでは肉体の線どころか、ガニマタもヘッピリ腰もわかったものじゃない。こんな審査はあとにも先にもたった一度しかなかった。しかもこうしてえらばれたなかから、久我美子、若山セツ子、堀雄二、伊豆肇、三船敏郎などが現われたのである。

そのときの三船君のイデタチは例の復員服で、それもだいぶスリ切れている。それにあの顔である。当時、復員服の強盗やタカリが横行した時代である。悪いが、だれしもそれを連想したらしい。しかもその態度たるや、もっとも審査員の心証を害した。ふてくされて反抗のカタマリみたいだった。

三船君は他の善良な研究生を害するオソレありと不採用にきまった。しかしのち、ひとまず監督預かりということで養成所へ入れてもらうことに会社の許可をえた。(31)

一方、三船は、

「ぼくは他人の前に出ると妙に照れて怒ったように云っちゃうし、取り繕うことの出来ない性格なのでそのままに、思うままにしゃべってしまった。試験だというのに。帰宅してから、……食うために職を探し行ったのにどうしてあんなふうに応えてしてしまったのか、と気になって仕方なかった」

と述懐している。

口のききかたのブッキラボウさに、自分の態度の加減のなさに、ひとり落ちこんでいたのである。

いいよなァ。ここのミフネが。頭を抱える姿が浮かぶ。

で、案の定、試験は落ちてしまった。

しかしその直後、助命運動がはじまる。

戦友・大山年治は撮影部の仲間にミフネを紹介していた。

山田一夫は、

「ミフネさんを見たとき、体格もよかったので、撮影部にいてもいいな、と思いましたよ。五十五キロのカメラもあります。重い機材を担ぐのが仕事ですから」

大山年治や撮影部の三浦光雄、山田一夫さんたちがもう一度山本監督にかけあった。

「ニューフェイスの末席でもいいから彼を研究所に置いてほしい。撮影の助手にアキが出ればすぐにでも撮影部で引き受けますから」

という条件を提示した。撮影部のあと押しも大きい。

一方、三船の本質を見抜いた黒澤監督も、

「専門家の一票は、素人の一票に比べて三票あるいは五票に匹敵する。合否投票をやり直してほしい」

とねじこんだ。

さらに山本主査も「俳優としての素質と将来性については、監督としてわたしが責任を負いましょう」と後押ししてくれた。補欠ながらも合格となった。

応募四千人。合格したのは男子十六人、女子三十二人である。

このとき合格した久我美子は華族(侯爵家)の出であった。女優など水商売きわまりないもの、華族の体面を汚す……と真顔でいわれていた時代である。久我は宮内庁の反対を考えて親類の池田家に籍を移し、「池田美子」という名で入所している。

また、このなかには後に三船夫人となる吉峰幸子もいた。吉峰は裕福な歯科医の一人娘だったが、内緒で試験を受けていた。厳しい父親に女優になることを反対され、四カ月で研究所をやめている。


わたしの目は一枚の写真に落ちる。

「ニューフェイスの面接テストを受ける三船敏郎」と記されたその写真をみるかぎり、ミフネは前述の山本監督の記憶にあるような〈イデタチは例の復員服姿……〉ではない。仕立てのよさそうな格子模様の背広上着にきりりとしたネクタイ姿である。胸には「１４９」番のプレートがある。もちろん外套をはおるころではなく、季節は初夏であった。

ミフネは佐藤忠男氏のインタビューにこう答えている。

——非常に態度が悪かったと伝えられていますが……。

——態度が悪いといわれてもしょうがないですね。

そこで泣いてみろなんて云われたけど、「悲しくもないのに泣けません」とかやってたもんだから、それで態度が悪いということになっちゃった。

こっちは入隊するときに大連から持っていったトランクのなかに、背広からネクタイからみんな持っていたからそれを着て、軍隊の革の靴をはいて歩いていたから、態度が悪いなんていわれたかな。(25)

昭和二十年、（一九四五年）十二月、東宝では、戦後の混乱と社会運動の高揚によって、東宝従業員組合（従組）が結成された。従組は日映演（日本映画演劇労働組合）にも加盟し、たびたびストライキを行った。

昭和二十一年（一九四六）三月に第一次争議、十月には第二次争議が起こった。

三月、解雇通知を受けた撮影所員の約半数、四〇〇名が日映演を脱退したため、撮影所は二分された。その脱退派と、組合支配に反対する左翼嫌いの大物スターたちの「十人の旗の会」

（大河内伝次郎、長谷川一夫、黒川弥太郎、藤田進、原節子、高峰秀子、山田五十鈴、入江たか子、山根寿子、花井蘭子）のメンバーが合同で、従来の撮影所とは別の「第二製作部」を組織。これが翌年三月の新東宝創立に発展していく。

昭和二十三年（一九四八）

四月には経営悪化のため、東宝は東京砧撮影所従業員一二七〇名を突然解雇した。更に人員整理のため千二百名に解雇通告を出している。組合は撮影所にバリケードを築いた。カメラなどの資材を組合管理下において所内デモを繰り返す。史上最大といわれる第三次東宝争議勃発である。八月十九日には、閉鎖された撮影所に立てこもった組合員を追い出すために、会社側は東京地裁の仮処分を執行。仮処分の執行援助のために、警視庁予備隊二千名、占領軍からは米軍機動隊、装甲車六両、M四中戦車三両、航空機三機が出動するという激しい闘争が展開された。このとき「来なかったのは軍艦だけ」と巷でいわれた。

十月十八日、争議が解決し、東宝は映画製作を再開したものの、主演クラスのスターのほとんどを失っていた。そこで、これからは俳優勝負ではなく、演出・作品勝負でいこう、監督・ディレクター中心の作品を製作していくことにしよう、ということになり、まだ数カ月の訓練しか受けていない新人たちに目が向けられた。久我美子、若山セツ子、伊豆肇、堀雄二、堺左千夫たちが従来のスターに代わって表舞台にとびだしたのである。その末席に、三船敏郎も連らなっていた。

第十二章　三船プロダクション

昭和四十四年（一九六九）八月、三船プロ製作の『風林火山』（稲垣浩監督）は、プロダクションが取り組んだ作品としてはスケール・質、ともに空前の超大作で、興行面でも大ヒットとなった。

連日劇場に長蛇の列ができたこの時期、ミフネは幸子夫人と次男・武志君を伴って秋田農業大博覧会へ出席した。その夜、三船本家——父・徳造の生家でおこなわれた宴についてはすでに述べた。

このころはまた、大スターの独立プロ、いわゆる「スター・プロ」の全盛期でもあった。ミフネは昭和四十五年（一九七〇）、勝プロ『座頭市と用心棒』、中村プロ『幕末』、石原プロ『ある兵士の賭け』に客演、自社製作では『待ち伏せ』に主演している。

翌四十六年、アメリカ西部を舞台にした『レッド・サン』（テレンス・ヤング監督　フランス・イタリア・スペイン合作）では、人気絶頂のアラン・ドロン、チャールズ・ブロンソンと共演した。

アメリカだけでなく、地中海に面したスペイン、アルメニアでもロケが行われた。

テレンス・ヤング（Terence Young）は、〈007シリーズ〉を撮った監督で、ショーン・コネリー演ずるジェームズ・ボンド育ての親である。ボンドの着こなし、高級レストランやそこでの垢ぬけた会話などは、ヤング監督そのもの。

ヤングは、一九一五年、中国、上海生まれ。

ミフネは、当時ドイツ領だった中国・青島生まれ。

祖国を離れて暮らす父であればこその〈日本人としてのプライド〉をミフネはいつも聞かされていた。二人の共通項をみてしまう。

ヤングは、ケンブリッジ大学を卒業した典型的な英国紳士で、撮影現場でも決してネクタイをはずすことはなかった。

チャールズ・ブロンソン（Charles Bronson）はもの静かで、あまり人と話さない。休憩になると、少し離れた場所でひとり紅茶を飲んでいたという。

アラン・ドロン（Alain Delon）は賑やかだ。スペインのロケ地にも、毎週パリから女性ファンが大勢でくりだしてくる。

ドロンはミフネのことを、「尊敬する親友」と呼び、三船プロはアラン・ドロンの「ダーバン」のCM製作を請け負うことになる。

ドロンの声が流れる
――Durban est l'élégance d'un homme moderne
(ダーバンは現代の男のエレガンス)
更にのちにドロンは〈サムライ〉という香水ブランドまで造っている。
『レッド・サン』は全世界に上映公開された。

ミフネは、ハリウッドでの記者会見で次のように答える。

「演技の秘訣は?」

「そんなものはない」

それしか答えようがない……とミフネはいう。

そのとおりだ、とわたしも思う。演技に公式や王道などというものはない。そのたびにわが感性を身体ごとぶっつけていく。全身全霊をとぎすまして、ときには何かにとり憑かれたような狂気さえ内に孕んで……。そうしてなりきっていくだけだから、それは自然体であり現実感であるのだから演技などしようがないのだ。役者とは演ずるもののことではない。あえて演じないという心を持つもののことだ。

しかし、とあえてここでつけ加えておくとすれば、ミフネさんはその日常に於いても、稀にみるデリケートな人である。だからこそ繊細な内面描写までも可能なのではあるまいか。

映画監督・中島貞夫は憶いかえす。

——一九七八年、『日本の首領《ドン》・完結篇』を撮りました。

佐分利信さん、三船さん、片岡千恵蔵さんという大御所が一堂に会すシーンがあったんですが、三人一緒は初めてという事を聞いてびっくりしたんですよ。

いよいよ明日撮影の段になり、なかなか寝つかれず、翌朝セット入りしてもステージのなかをただウロウロ……。そんな時でした。

「監督、どうぞ、お疲れでしょう」といつものように声をかけてくれたのが三船さん。私のディレクターチェアを運んでくれたのですよ、〝世界のミフネ〟が。(23)

五社協定

一九六七年五月九日、午後五時。ホテル・オークラにて、映画『黒部の太陽』の製作が発表された。

出席者は三船敏郎、石原裕次郎、原作者・木本正次、監督・熊井啓。東宝の至宝・三船敏郎と日活の看板スター・石原裕次郎との、夢のような共演である。

このとき、通称「五社協定」というみえざる影が浮上した。製作は一時は頓挫寸前にまで追いこまれた。

当時、邦画五社は「会社に所属している芸術家、技術家――役者や監督を貸さない、借りない、引き抜かない。他社の映画への出演を認めない」という五章十五条からなる鉄の掟――協定を持っていた。

その壁のことを詳しく記すと、当時の大手五社――松竹・東宝・大映・東映・日活――は映画製作、配給、興業（劇場）の権利を独占していた。また、俳優や監督以下のスタッフは、大手五社のお抱え――所属か、専属契約をしているか、あるいは社員になっていた。

各映画会社が育てあげてきた監督や役者の引き抜きなどを見過ごすわけにはいかない、ということだけでなく、「一度トラブルを起こした役者は使わない」などの申しあわせもあった。

例えば会社に意見などでたてついたり、出演料のことでもめた場合、その者は以後、他社に移籍したり出演したり出来ないという内密の申しあわせである。あくまでも暗黙の申しあわせということであった。しかし、毎月、五社の最高幹部たちは昼食会で顔をあわせる。「五社協定」は映画会社の既得権確保が目的であり、それは隠然とした圧力であった。

いちいちそんな取り決めにしばられていたのでは、いい映画はつくれない。ミフネのジレンマもそこにあった。

「こんな馬鹿なことがあっていいのか」

映画はスタッフと力を合わせて創りあげていくものである。頭でつくるものではない。ソロバン勘定で創るものでもない。ものを創るということは謙虚な精神の作業であり、映画人《カツドウヤ》の魂をこめるものだ。しかし、そこにかかわるものが協定に安住し、サラリーマン化してしまっては、良質の映画など創れようはずがない。一方、ミフネには「日本映画の灯を消さないために」という大スターゆえの使命感もあった。

ミフネの言葉はつづく。

「映画は一時期、そりゃ確かにいい時がありましたよ。どんなものでも作って出せば必ず当たるっていう時ね。そして二本立てになった。シャレにもならないけれど、映画のニホンだてというのは、ニホンだけですよ。そんな安売りをして自分たちの首をしめている」(33)

ミフネの心に日本映画界に対する満たされない思い、将来に対する憂い、焦りがあったとしても不思議ではない。

三船と裕次郎は正面から映画会社のタブーに挑んだ。

そして打破した。


わたしも外国の映画づくりに参画したことがある。そのときに驚いたことが二つある。一つは製作スケールの圧倒的な大きさであり、もう一つはスタッフ一人ひとりの真剣な取り組みである。実力本位、能力本位の土壌があってはじめて、ひとは誰しも真剣に取り組む。組織や協定は、いわばぬるま湯であろう。そこからクリエイティブな作品が生まれることはない……つくづくそんなことを思った。


〈もう一つのミフネによる証言〉

黒澤さんの『赤ひげ』(一九六五)が最後で、東宝がいち早く砧のスタジオを閉鎖しちゃった。それで撮影所は何百人いたのかな、相当人がいたんじゃないかしら。いろいろともめにもめて、監督協会なんて七、八年闘っていたらしいけどね。

そのあたりから日本映画はだんだん低調になってきたわけですよ。テレビも上陸してきたし、…略…

そのころですよ。東宝本社に呼ばれて、近々中に砧は閉鎖する、黒澤さんは黒澤プロという看板をかけた、おまえに声かからなかったかというから、いや何もかからないといったら、よし東宝で金出すから、三船プロという看板かけろということで、三船プロをつくってくれたのが当時副社長だった森岩雄さん、専務の藤本さん、それから川喜多さん――川喜多さんは東宝の大株主ですからね。その方たちが三船プロダクションというのを最初つくってくださったわけですよ。(25)

観客をＴＶにうばわれ、売り上げは最盛期の三割にまで落ちこんだ。経営危機におちいった映画会社は監督や俳優の独立をうながしている。製作費の一部を肩代りするように求めている。

すでに東宝は時代劇を創らなくなっていて、当然のことであるが、俳優やスタッフたちを解雇している。結局、スタッフから小道具までを引き継ぐ形で昭和三十七年（一九六二）七月、株式会社三船プロダクションが設立された。

「利口な投資といえるだろうか。しかし映画の灯を消してはならない。映画の灯を燃やし続けることでのみ自分の仕事が出来るのだ」

こうしてミフネは映画にかける自分の夢を実現すべく、新しいスタートを切った。ミフネ四十二歳のときである。

昭和四十一年（一九六六）には、世田谷区成城にスタジオ（スタジオ・トリッセン・エンタープライズ）と時代劇オープンセット完備の三船プロ撮影所を建設している。

この年、ミフネはアメリカ映画『グラン・プリ』（ジョン・フランケンハイマー監督）に出演している。そのようなギャラで撮影機材や録音機材を揃えていった。しかしこの三船プロのステージは「映画撮影を目的にする」との主旨では建築が許可されず、住宅という名目で完成された。電力は家庭住宅用を併用しても二〇〇KWまでとなっていた。能率のあがらないセット撮影であったが、スタッフたちは知恵をしぼり、工夫を重ねて取り組んでいた。と同時に関わるものは、そこで映画製作のノウハウや技術、根底にたぎる熱意を学んでいった。人材は育っていった。

そうではあったが、皮肉にも、時代は徐々に大スターが活躍するスター・システム、ヒーロー映画の時代ではなくなりつつあった。価値観が多様化し、「普通の自分」というものが見直され、個人の主張がはじまっていた。つまり、連続して本篇（映画）を撮っていくという状況は過去のものとなりつつあった。

三船プロではテレビ映画の製作を昭和四十二年（一九六七）に開始している。

ミフネさんは誠実と真摯とを持ちえているオーナーである。テレビ映画といえども微塵も手を抜かず、本篇同様、丁寧に撮影された。

昭和四十四年（一九六九）、米宇宙船アポロ11号が人類史上初めて月面着陸に成功した。
アームストロング船長が月面に降り立って、最初の一歩を踏みだした。
「これは一人の人間にとっては小さな一歩だが、人類にとっては偉大な飛躍である」
船長の言葉と月面の一部始終がテレビで宇宙中継され、空に浮かぶ満月がいきなり茶の間にとびこんできた。テレビの威力がいかんなく発揮された瞬間であった。

〈浅間山荘事件〉

昭和四十七年（一九七二）二月、群馬県警が妙義山中でライトバンに乗った不審なグループを発見したことから、連合赤軍「浅間山荘事件」が始まった。

連合赤軍は浅間山荘に押し入り、管理人の妻・牟田泰子さん（三十一）を人質にして立てこもった。完全武装の警官隊七五〇人が山荘を包囲。身代りになると云って浅間山荘に近づいた一般人が撃たれて重傷（後に死亡）。約一五〇〇人の武装警官が動員され、ついにはクレーン車で吊った二トンの大鉄球で山荘の壁に穴をあけ、警官隊が一気に突入することで連合赤軍を屋根裏部屋に追いつめた。連合赤軍がライフル、猟銃、手製爆弾などで反撃したため、警官二人が死亡、五人が重軽傷を負った。

やがて管理人の妻・泰子さんは無事救出され、五人が逮捕された。そのなかの一人、赤軍派最高幹部・板東国男の父親（五十一）は、「世間を騒がせました。死んでおわびします」との遺書を残し、自宅で首吊り自殺した。

この「浅間山荘事件」の報道は、NHKが十時間以上、民放四局も九時間前後にわたって生中継し、長時間中継の新記録をつくった。ピーク時の視聴率は89．7パーセントだった。極寒のなか、リアルタイムに映しだされる画像は臨場感をもって茶の間に伝わり、テレビ・パワーを存分に見せつけた。それは、映画の観客数減少と表裏をなしていたといっていい。

「浅間山荘事件」が解決して間もなく、衝撃的な事件が明るみに出た。

妙義山籠沢アジトでの「大量リンチ殺人」である。いわゆる連合赤軍を武闘中心の過激派集団として再編制した森恒夫・永田洋子らが「総括」の名のもとに十四人もの仲間にリンチを加え、次々と殺していたのである。

閉鎖的な集団のなかで個人が陰湿に追いつめられていく状況を、TVの画面を通して、茶の間で眺めることができるのだ。もはや勧善懲悪のヒーローが登場する時代でないことを意味している。団塊の世代とよばれる若者たちの時代がきていたのである。

俳優・佐藤慶さんが語ってくれた。

――世界的に有名なある映画俳優が来日し、数日、東京のホテルで過ごしたときのこと。滞在しているホテルでテレビのスイッチを入れた。画面には「世界のミフネ」が素浪人姿で主演している。テレビ時代劇「荒野の素浪人」か何かだったのだろうか。再放送もされていたらしく、一度ならず何度も。

テレビサイズのミフネの時代劇を観てしまった異国の映画俳優は訝しく思い、こう訊いたという。

「ミフネは島でも買うつもりか」

かつての黒澤映画に比べ、グンと安手のテレビ時代劇で、細切れに稼ぎまくる異様なミフネにみえたのだろうか。ゆえの疑問だったのだろうか。

諍い

さて、世の中に完璧な――何をもって完璧というのだろうか――夫婦というものがあるのだろうか。

この年、ミフネの浮気が発覚し、夫婦間の諍いから猟銃発砲事件が起こっている。ミフネ五十二歳のときである。妻は謝罪する夫を許さず、毅然と家を出ていった。夫はそのことにますます逆上、目をそむけたくなるような修羅場が続く。

双方の意地とプライドの離婚訴訟は法廷の場に持ちこまれた。

一方が和解を提案すると、一方が拒否。一方が離婚を申し立てると、一方が判を押さない。以後二十余年間にわたってそれは泥沼化していった。

《昭和四十七年（一九七二）一月二十四日》

「家を出るとき、オレのゴルフ会員権から、あるだけの現金、有価証券から貯金通帳や実印まですべて持っていった」（三船敏郎談）(35)

そして一月二十七日には家庭裁判所への離婚調を申請。さらに二月二十二日には東京地裁へ財産差し押さえ仮処分申請を行った。この三船プロの撮影所敷地も差し押さえられてしまった。そこには三船プロの事業としてボウリング場を建設することになっていた。夫人はこの計画を知っていた。

差し押さえられてしまっては当然ながらボウリング場の建設は出来ない。すでにAMF社（米）と四億円で購入契約した三十二レーン分の機械は宙に浮いてしまった。支払うメドもないままに、芝浦の倉庫で錆びるのを待つことになってしまった。そしてAMF社からは目の玉が飛び出すほどの損害賠償問題が出されてくる。

「オレは、オレひとりのことはいいとして、これでは三船プロの社員八十名、その家族を合わせると百余名の生活がどうなるのか」(35)

三船夫妻の仲人役をつとめた故・山本嘉次郎監督夫人・千枝子さんはコメントする。

——「翌日から一円のお金もない夫の生活……それで何かといえばすぐ弁護士をたてる、とこれでは話し合いにもなんにもならない。弁護士をたてて家庭裁判所などに訴えるまえに、どうして仲人である私たちのところに来ないのか、呼んでも来ない理由はなぜなのか」

また、夫妻の親代わりである志村喬夫人・政子さんは、

「わたしはいま三船さんがかわいそうで泣いていたところなんです。三船さんはずいぶん悩み、幸子さんをたててきていましたからねえ。どうせ別れるのなら、これほど三船敏郎を惨めに追いこむことはなかったと思います。そう思いません?」(35)

東宝ニューフェイスだった三船さんと吉峰幸子さんのふたりが結婚を約束したとき、志村夫妻の住むすぐ近くの家を借りている。三船夫妻の出した結婚式の案内状の返信先は志村夫

妻の家だった。実際、志村夫妻はふたりの親がわりだったのです。

《『女性セブン』一九七六年十一月二十四日号》

山本千枝子さんは「週刊朝日十一月十二日号」に「三船敏郎夫妻の離婚〝騒動〟に想う」として一文を発表、孤立無縁だった三船を弁護した。

——映画人の一人として、三船敏郎の媒酌人として、また人権擁護委員という立場から、私は三船敏郎夫妻の離婚騒動を黙って見ていられなくなりました。

——幸子さんが家出した日、三船敏郎は朝早く私の家にやって来ました。彼がいったのは、「自分の非は改めます。妻に帰って来てほしい」

の一言でした。

私はそのとき「本気ですか」と問い返したのを思いおこします。ところが幸子さんは帰って来なかった。男は一度頭を下げて拒否されると、もとには戻れないものです。(36)

第十三章　三船書簡

昭和五十一年（一九七六）、ミフネの呑み友達だった田中角栄（元首相）が「ロッキード事件」で逮捕された。共に「大正会」を結成し、豪快に盃を交わしながら談論風発した一方の雄の落日であった。

この年、ミフネが三船本家に宛てた手紙がある。三船家の家紋、つまり三船プロのマークが印刷された便箋四枚に綴られている。

《昭和五十一年（一九七六）一月二十四日付封書》

益々御清祥御慶び申し上げます。

昨年末は結構な品々を大量に御恵送下さり有難く御礼申し上げます。

小生昨年九月より仕事で欧州に参り留守をしておりましたが、正月五日に帰国、早速賞味させて頂きました。

御地は近年にない豪雪との事、何かと御不自由の事と拝察いたします。

昨年御紹介頂いた小松順一郎君は、宣伝部スチール写真係として一生懸命頑張っておりますので御安心下さる様、また本人の努力次第では待遇その他の点も考慮されております。

扨て、これは御願いなのですが、御地近郷の女性で、拙宅の手伝いを担当してくれる人がいないものかどうか、お願い致します。

自宅は現在、小生一人（長男史郎は西独ミュンヘン在勤、次男武志は東海大、沼津に下宿）ですが、ここ数年家政婦、お手伝いさんに仲々適任者がおらず困却している次第です。

仕事としては留守番を兼ね、日常の家事（掃除、食事の支度）、年齢は問わず、年輩の方でも高校を出たばかりの人でも差し支えありません。

若い人ならば洋裁、料理、活花等の学校も近所にあるので、希望により交代で通学させる事も出来ますが、何れも二名を必要としています。

新年早々お願い事で恐縮ですが、役場或いは福祉関係を通じ、適当な人を紹介いただければと思っております。

二月十日前後、所用でハワイに三、四日出かけますが、それ以外は東京で仕事をしております。
御一報下されば真に幸甚です。
右、取り敢えず御礼と御願いを申し上げます。

草々

一月二十四日

敏郎拝

哲朗様

ハワイでの所用を終えて帰国したミフネは、つづいて第二便を出している。

前略
十四日、ハワイより帰国し連日早朝より作業を続けております。
十五日頃、御上京とのお話もありましたが、御多忙の事と拝察しております。
先般御依頼しました件につき補足いたしますと、現在当家には二人のお手伝いさん（一名は六十歳の婦人、一名は十八歳の信州の娘）がおりますが、勤続一年ともなりますと勝手がわかると同時にいろいろと我儘が出て来、そろそろ交代の時期かと思い、御手数を煩わした次第です。

今日あすと言うほどのものではありませんが、区切りの良い時に二人共同時に交代させる事を考えております。

先般御紹介の役場勤務の方と、出来得れば他に若い人を一名（仕事量が多いわけではありませんが、買物、休日等の留守番のため）御紹介頂ければと思っております。

給与は先日申した様に、初任給七万ですが、年一回の昇給、年末のボーナスが考慮され、住み込み（別棟一ＤＫ、冷暖房、バス・トイレ付き）、食事と週一回の休日、となっております。

若し適当な人がおりましたら、一応履歴書を送って頂き選考決定したいと思っております。

東京は梅も満開になりすっかり春めいて参りました。近い内に是非一度、御上京下さる様、御待ちしております。

草々

敏郎拝

二月二十七日

三船哲朗殿

このたて続けに故郷・三船本家に送られた、お手伝いさんを求める依頼文は、ミフネの何を示しているのだろうか。

はじめて読んだとき、わたしはミフネの望郷の念がそうさせたのだろうと思った。しかし、「自宅は現在、小生一人ですが……」とある。

ミフネは俳優としての才能を世界に示しただけでなく、国際社会における「戦後日本」のイメージを一変させた〝サムライ〟である。そのサムライの自信が原動力になって、ミフネにつづけよとばかりに高度成長期、日本のビジネスマンたちが、海外に雄飛していった。戦後、焦土から立ちあがりつつあった日本は、ミフネによって自信を回復したと云っていい。その〝世界のミフネ〟が、成城の豪邸にひとり暮らしである。

この昭和五十一年（一九七六）、ミフネはイギリス映画『太陽にかける橋』(Paper Tigar)でデビッド・ニーヴンと、続いてアメリカ映画『ミッドウェイ』(Buttle of Midway)ではチャールトン・ヘストン、ヘンリー・フォンダらと共演し〝世界のミフネ〟の名を恣《ほしいまま》にした。ときに五十六歳、男盛りであった。

が、その国際スター・ミフネが帰るところはたった一人の成城である。

長男・史郎さんは昭和四十八年（一九七三）、イギリスへ語学留学。その後ドイツに渡り、「ヤーパン・レスタオラント・ミフネ」の経営を手伝っている。大学生の次男・武志さんは沼津で下宿生活。

妻とは憎しみをつのらせたままの別居が続いている。世界に揺るぎない大スターでありながら、しかし、その豪邸ではただ独りきり。日々の食事の用意にも事欠く始末である。底知れぬ孤独と寂寥をみるのはわたしだけであろうか。

結局、お手伝いさんはこなかった。理由はわからない。

先の一月二十四日付けの手紙に書かれている小松順一郎氏（元三船プロ、スチールカメラマン）が語ってくれた。

ミフネのオヤジはさみしがりやで、人なつっこいひとですよ。

私によく声をかけてくれて、

「秋田には帰っているか？　たまには親元へ電話しなくちゃだめだぞ」

と注意されたものです。採用に際しても、親からの手紙をみて、

「おまえの親を信用するから採用するんだ」

と、先祖や親を重くみているひとでした。いつも秋田の人を欲しがっていましたね。

作家・五味康祐は指摘する。

——そもそも三船の離婚騒ぎなど、世間にざらにあることで、亭主が他に女をつくった、逆上した女房は家のあり金かっ攫って飛び出し、別れると喚き立てた。亭主が詫びを入れても肯んじなかったのに、いよいよ男が別れる肚をきめると、忽ち別れるのは「いやです」という。よくある話である。要するに痴話喧嘩で、こんなのは犬も喰うまい。（略）三船敏郎の離婚訴訟が、どのように判決されようと吾人の知ったことではない。しょせん馬鹿げた裁判としかいいようがない。ただ、これほどの騒ぎになってしまった過程で——身から出た錆とはいえ——私は三船に同情的なのである。これ以上恥をさらすのは、お互い、もうやめたほうがいいと思う。醜い夫婦争いで、役者の哀しみまで公にすることはないだろう。(37)

アラン・ドロンは云う。

「彼女（ミレーユ・ダルク）とのことでいろいろあって、オレも苦しいんだ。でもトシロー、オレたちには仕事しかないんだよ」

リチャード・バートンもミフネの滞在しているホテルまで訪ねて来て、

「ミフネ、仕事、仕事、仕事だよ」

そして、

「仕事という柱にはぜい肉がついていてはダメなんだ。だからぜい肉となって仕事の邪魔に

なるものは、たとえそれが女房であったとしても、そぎ落としてしまわないと」(38)

「貯金通帳、実印、ゴルフ道具のはてまで持ち出し」(三船敏郎談)て、幸子夫人が家を出たのは一月二十四日(一九七二)。

以来、〝親がわり〟という山本千枝子サン(山本嘉次郎氏夫人)、志村政子サン(志村喬氏夫人)たちによる和解工作がつづけられていたが、ここで注目されたのが、兄・三船敏郎にウリふたつという実弟・芳郎氏(三進工業社長＝五十二)の存在。

「お忙しい方なのに、仕事もほうってやっておりました。二月二十九日に関係者が集まりましたときにも、タイヘン苦労なさっていました」(志村政子さん)

芳郎氏経営の三進工業は、各種プラント、橋梁の現場建設など地方での仕事が多い。北海道から九州まで、現場をまわっての叱咤激励が仕事。一カ月に十日も会社にいればいいほうだという。その間の、兄、義姉の間を往復しての和解工作……

「それはもうお兄さんのために、まったく献身的で……。奥さんに対しても誠実に信じきっていて、やっともらった約束を何度スッポカされてもじつに辛抱づよく……。お仕事のほうもタイヘンな犠牲だったでしょうネ」(山本千枝子さん)

弟・芳郎氏

《一九七二年六月》

三船兄弟は兄五十二歳、弟五十一歳のひとつちがい。妹がひとりいる。兄・敏郎は大連中学を卒業してから家業の写真館を手伝っている。そして軍隊へ。弟・芳郎氏のほうは大連商業から明治大学法学部へ進み、昭和十八年に卒業。同じく兵隊にとられている。

戦後芳郎氏が結婚するまでの二年間、この兄弟は横浜で部屋を借り、共同生活をしている。いまでも「兄貴と二人でタイヘンな苦労をした」ともらすように、敗戦直後のドン底生活だった。

昭和二十一年、敏郎が第一回東宝ニューフェイスに合格したころは、

「ニューフェイスというのは半年くらい無収入なんですね。私がなんだかんだと稼いでいましたから、掃除、炊事は兄貴がよくやってくれました。兵隊生活が長かったせいですか、うまかったですよ。器用でキチョーメンな男なんです」(芳郎氏)

以後、兄は映画界、弟は鉄工業という硬軟両極端の道を歩むことになる。

兄夫婦のことに関して芳郎氏は、
「極力やってみまして、まあ動きまわってから数カ月になりますけど、双方ともひどく硬化しておりまして、こういう結果になってしまったのは、はなはだ残念です」(39)

三船芳郎氏創業の三進工業株式会社は京浜工業団地の一画にある。

社員二百余名。鉄工場の二階、柔道場を兼ねる体育館に創業者・三船芳郎氏の遺影が掛かっている。温厚篤実なお顔で、人格円満であったことがよくわかる。

芳郎氏の葬儀は平成九年(一九九七)一月二十九日、明蓮寺にて執り行われ、親友だった俳優・三橋達也氏が弔辞を献じた。

三船本家のツヱさんが、兄思いだったヨシローさんのことを語る。

「トシローさんより体格がいいよ。柔道家(六段)だから。穏やかで心根のやさしい人でね。主人の葬式にもわざわざ横浜から来てくれました」

ツヱさんの横で、現当主・由裕氏(四十七歳)が云う。

「横浜のおじさんは神永(夫人は芳郎夫人の妹)の先輩ですよ。知ってますか、神永《かみなが》?」

むろんわたしだって知っている。

「明治大学の柔道部でしょう。神永昭夫。東京オリンピック(昭和三十九)の無差別級で、オランダのヘーシンク（金メダル）に敗けちゃいましたよね」

ちなみに昭和三十一年五月、国技館で行われた第一回世界柔道選手権大会の優勝者は夏井昇吉六段（当時）。秋田県警、男鹿の人である。そのころのヘーシンクはまだ日本の敵ではなかった。決勝戦で夏井に敗退している。

昇吉夫人・カツヨさんは、わたしの母・教子の、お茶のお弟子さんで、またわたしの連れあいの小学校のときの担任教師でもあったという。

それはさておき、芳郎さんの人となりに話を戻そう。

《佐久平「ミフネ館」の主人（三船プロ元社員）の話》

「弟の芳郎さんは柔和でおとなしい方でしたが、兄のためならどんなことでも厭わない、命を張って兄を護る……そういう人でしたね。三船プロの終りごろは、支払いなどでだいぶご苦労なさったようです」

《三進工業株式会社取締役・古濱日宏氏の話》

とても頭のいい人でした。冷たい雰囲気がまるでなく、実にあたたかみのある人柄でした。酒豪ではありません。酒は弱かったです。人に呑ませたり食べさせたりするのが大好きでした。柔道などのアマチュアスポーツの育成に熱心で、学生たちにやれ呑め！　やれ食え！とすすめてましたね。株になんか手を出すな、アブクゼニはいらねえんだ。金は汗して稼げ！の精神でした。

おかげでバブル期にも商売ひとすじ。発展充実したと思います。真面目で地道にいく人でした。

気くばり、心くばりは充分な人ですが、芸術家肌じゃありませんね。俳優にはならないですよ。「オレは自分でやる！」というタイプですから兄と同じ道はゆかないでしょう。

三橋達也さん、原文兵衛さんとは大正会の仲間です。商売を離れて、好きなことを語りあう友です。大正は十五年しかありませんからね。

三進工業は昭和二十九年創業です。

《三進工業社員・三船利男氏（鳥海町出身）の話》
暖かみのある人だったです。社員を家族のように思って接してくれました。気楽な、ザックバランな雰囲気の人です。
社長がきた！　というと、たいていは緊張感が走るじゃないですか。そうじゃないんですよ。かえって〝なごむ〟んです。兄さんの三船敏郎さんは硬い感じでしょ。その〝硬さ〟がない。

それが違いかな。

資格免許を皆んなに取らせるようにしてネ。先見の明があるというのか。免許取ったからって誰も会社を辞めようとは思わないです。病気は肺癌でしたから、車椅子に酸素ボンベを掛けて吊るす器具を私が作りました。それが社長への最後の奉公になってしまいました。

工場の二階に柔道場があって、東京に試合にやってくる選手の練習場にもなっていました。十年前までは身体もガッシリしていましたよ。

会社がスタートしたのは昭和三十四年です。私が上京したのは昭和三十七年、十六歳でした。

《三船芳郎夫人・彌恵子さん（名古屋出身）の話》

主人は心のやさしい人でした。きまじめで家庭を思いやる人です。わたしたちは見合い結婚でした。

敏郎さんとはひとつ違いの兄弟で、とても仲がよかったですね。兄は弟を心配し、弟は兄を気遣っておりました。闘病は七カ月。肺癌でした。一月に主人が逝って、十二月にはその主人を追うように敏郎さんが亡くなって……同じ年に兄弟二人の葬式を出しました。

敏郎さんが主人の出棺を見送りに来てくれました。お身体が大変だときいていましたが、自分の脚でしっかりと歩いていました。

「芳郎じゃないか……芳郎！」

と、呼びかけて……絶句しておりました。

病気中ときいていましたが、はっきりとよくわかっていましたよ。

ミフネの疲労

このころ、ミフネの感受性は深い疲労のなかにあった。

三船本家・哲朗氏に宛てた手紙から三年後、ミフネは寂しさから逃れるように若い女優を愛し、一緒に暮らすようになっていた。やがて女優はフォード大統領来日歓迎の迎賓館での晩餐会（昭和四十九年十一月二十日）にも同伴するようになり、妻同然の存在となっていく。

――彼の偉大さがわかったのは、外国映画で共演してから。あちらのスタッフは、やはりどこか舐めているんですよ、ところが第一日目の撮影が終わると、相手の態度が覿面に変わる。三船の俳優としての姿勢に打たれるんですね。台詞を完璧に覚えて現場に臨むし、（英語はまるで喋れないのに！）、日本代表ってプライドもあって堂々としている。

……あれは七四年のモスクワ映画祭のとき。ちょうど会社がゴタゴタしてましてね。信頼する部下には離反される。経営が苦しいのに社員は四百人もいます。それに離婚問題と、端から見ても辛そうで……飛行機の中で励ましの言葉を。……そうしたら、あの三船が泣いたの。少年のように。大きなゲンコツで涙を拭って。外見は強そうなのに泣いていています。本当に支えるひとが必要だなと。守る人はいないのでしょうか！　だとしたら、私がこのひとの一番の理解者でいたいと。……母性本能なんでしょうか」(40)

ミフネは〝賞おとこ〟といっていい。

主演の『羅生門』『無法松の一生』はヴィネツィア国際映画祭グラン・プリ（金獅子賞）、『七人の侍』は銀獅子賞を獲得、世界に日本映画の存在を強くアピールした。

また『用心棒』『赤ひげ』ではヴィネツィア国際映画祭主演男優賞を、『羅生門』『宮本武蔵』（三部作の第一部）では米アカデミー賞・外国語映画賞を受賞している。

さらにいえば、『用心棒』とメキシコ映画『価値ある男』（イスマエル・ロドリゲス監督）に主演した昭和三十六年だけでも、驚くなかれ五十九個もの演技賞を手にし、国内外に〝世界のミフネ〟を強烈に印象づけた。

誰のものまねでもないミフネ・スタイル。そのひたむきが世界中の人々のこころに届いた。感動せしめた。

しかし、やがて時代はテレビに移行していく。

ミフネが映画屋《カツドウヤ》としての意地を貫こうとすればするほど、時代と齟齬をきたしていく。

――歯ぁ食いしばって維持してきましたが、もう限界ですよ。この敷地、二千坪くらいあるんですけどね、不動産屋とか建築業者が譲れと来るんですよ。田園調布に次ぐ住宅地だって、成城のはずれですけどね。でもね、ちょっと待て。俺のスタジオ売ちゃったら、三船プロつぶれた、なんていわれる。そう思ってがんばってきたんですけどね……。(24)

時の流れには誰も逆らえない。外国映画での出演料を自分の会社の経営にそっくりそのままつぎこんでいた。テレビ映画をかなり作っているが、決して手を抜かない。テレビとの歯車がかみあわなくなってきつつあったそのころ、会社の経営状態の悪化が目にみえてきた。経営が苦しくなっても、スタッフにおまえ辞めろよ、などと云えるひとではない。なかにはそのようなミフネを利用しようとする人間も近づいてくる。その一方では、共に三船プロを支えてきたスタッフや俳優たちが、大挙してミフネのもとを去るという騒動が起きていた。

――もともと彼女（喜多川美佳）は創価学会の熱心な信者なのですが、三船さんもそこに引きずりこまれてしまったのです。そのため会社でも……トラブルが発生して揉めるようになり……やがてスタッフの退社騒ぎに繋がっていったのです。（42）

昭和六十年（一九八五）、撮影所は全面閉鎖。

そんな心労も重なってか、七十二歳の冬（一九九二年）、ミフネは心筋梗塞に倒れる。さらに、入院生活を余儀なくされるなかで、精神状態の不安定もすすんでいった。

「徹底して完全主義者だった彼。自分で脳の回路をプチッと切ったかな。そんな気もしましてね」（40）

別れの時だと判断したのだろう、女優は娘を連れて去って行った。

そのあとを幸子夫人が引き取るような形になったが、しかし、二人が再び一つ屋根の下で暮すことはなかった。ミフネが再び倒れて入院したのである。

そして平成七年（一九九五）九月十五日、国立東京第二病院に入院していた三船幸子が膵臓癌で逝く。享年六十七。和解なって二年余、二人にとってはあまりにも短い時間であった。

三船さんが幸子さんの遺体に対面したのは、幸子さんが亡くなった三日後のこと。目黒区八雲にある幸子さんの自宅に連れてこられた三船さんは、ジャージー姿だったという。むりもない、入院先の病院からだったのだから。

「あなたの妻が亡くなったんですよ」

「そうか、死んじゃったのか……」(41)

棺のなかをじっとのぞきこんでいたという。

ミフネさんは丁寧に挨拶をして、そのまま病院に戻っていった。通夜にも葬儀にも姿をみせてはいない。

幸子夫人の亡くなる前年、一九九四年八月と日付けされた一枚の写真が遺されている。老夫婦が油壺の別荘のテラスに、並んで腰をおろしている。夫人は白いスカートに空色のシャツブラウス、夫は白い開襟シャツ姿である。ミフネ特有の鋭い眼光はとうに消えている。ミフネさんは幸子夫人をどこまで認識していたのだろうか。このつかの間の安息をどう解釈すべきであろう。和解のツーショットだとしたら、この〝やすらぎ〟にたどりつくために費やされた二十余年の離婚闘争はあまりにも永く、せつなくはなかったか。

あるいは……と思う。二人の諍いなどすら思い出さない平穏な日々になっていたのかもしれない。

第十四章　父の故郷

平成九年（一九九七）十二月二十四日午後九時二十八分、三船敏郎没。全機能不全のため東京都三鷹市の杏林大病院で死去した。享年七十七。永い眠りについたミフネさんの顔はふっくらしていて、肌もきれいだった。老人特有の染みさえみえない。

東宝ニューフェイスから五十一年の月日が流れ、クロサワ・ミフネコンビの最後の作品『赤ひげ』から三十二年が過ぎていた。

ミフネの訃報はニューヨーク・タイムズの一面を埋めた。

「サムライ映画の最初のヒーロー・三船敏郎死す　七十七歳」

◇一方、秋田では三船本家当主・由裕氏の哀悼のことばが秋田魁新報に掲載された。

映画やビデオの中で活躍している三船さんの姿は、亡くなった父とそっくりだ。それだけに訃報を聞き、寂しさを感じている。

三船さんの父は私の曾祖父の弟。中国からの帰国後や秋田農業大博覧会に招かれた際にも鳥海町を訪れている。三船プロのマークに一族の家紋を使っていることなど、根っこは一つということを感じてきた。また、学生時代を通してさまざまにお世話になった。最近会ったのは二年前、東京の入院先で。言葉に支障はあったが、元気だった。できるだけ早く焼香にうかがい、ご冥福を祈りたい。

◇同じく同郷の今野志津子さん（三船哲朗弟・今野哲夫夫人）は鳥海町の文集に綴っている。

「青い月」

車の中にいた私たちの耳にどこからか歌が聞こえてきました。

月がとっても青いから
遠回りして帰ろ

車を運転していた俳優の三船敏郎さんが、「青い月なんて見たことないよ」と云いながら、戦後小川（本家）に身を寄せていた時の話をしてくれました。

今からもうどのくらい前のことだったでしょうか。主人が胃を手術した順天堂大学病院を退院の日、敏郎さんが私たちを迎えに来てくれたのです。遠出は避けながら、敏郎さんは私たちの村、笹子《じねご》に来た時の話をしてくれたのでした。

「本家のじいさんが用事で上杉沢の喜平次さんの家に行ったとき、酒をごちそうになり、酔っぱらったから迎えに来いとのこと。知らない土地のことだからあちこち聞き聞き歩き、やっとのことで喜平次さんの家に着いたのだった。そこで私も酒を御馳走になり、帰りは二人ともフラフラ、提灯ぶらぶら、やっとこさ帰ったのだったが、そのときも月が出ていたが青くなかったよ」

と云ったのでした。

それからまた何年か経ち、姪の結婚式が東京であったとき、敏郎さんの出演している撮影所を見学しました。小型バスに何十人か乗っていたら、さむらい姿の男優たちが代わる代わるバスの中の私たちをのぞきに来たのでした。その都度バスの中は大笑いでしたが、田舎者の私たちは誰一人サインなどという人はいませんでした。途中から敏郎さんもさむらい姿で

やって来て、
「こんな所でごまかして撮影しているんだ」
なんて云った笑顔を見たとき、どの俳優さんよりも素敵な紳士だなと思ったものです。三船敏郎さんのご冥福をお祈り申し上げます。

◇　同じ誌面に佐藤明美さんは「三船敏郎さんのこと」として寄せている。

「羅生門」「七人の侍」「無法松の一生」など、数多くの映画で活躍した俳優の三船敏郎さんが亡くなった。個性的なマスクと堂々たる演技で日本はおろか、世界中に日本を知らしめた彼の死はニューヨークタイムズの一面を埋めたと報じられ、あらためて国際的な俳優だったことを知らされた。

私はずっと以前、その三船敏郎さんに二度お目にかかったことがある。（もちろん私が一方的に見たというだけなのだが……）

最初は新宿、紀伊国屋書店の上の階にある〝紀伊国屋ホール〟の試写会場で知人と一緒にあいさつをして通りすぎただけ。そして二度目にお目にかかったのは羽田空港の国際線到着ロビーであった。

出張から帰る上司を迎えに行ったとき、たまたま到着便が遅れてしばらく時間を持て余したことがあった。手持ちぶさたなのでロビーの丸いドーナツ状のソファーに腰をおろし、ぼんやりとあたりを見ていて、ふと隣の席の人に目が止まった。どこかで見たことのあるような中年の紳士である。パンフレットのようなものを丸めたりしながら腕時計をのぞいている姿に〝あっ、三船敏郎〟と心のなかで叫んでいた。太い眉、キリッと結んだ口もと、その引き締まった顔立ちはどちらかといえば小作りな（こじんまりとした）顔立ちに思えた。子供の頃から何度か見た映画の印象では、りりしく、そして荒々しく、表情も険しい大男を思い描いていた私は、中肉中背の繊細な感じのするスマートな紳士を見て、なんだか意外に感じたことを覚えている。

三船敏郎さんの父親は、鳥海町・小川の出身ということで、敗戦の直後、中国大陸から引き上げて来て、従兄の三船哲朗さん宅に、数か月暮らしたことがあるそうだ。私の近所の人達の中にはその当時のことを知っている人も結構いて、「哲朗さんとそっくりだった」などと話していた。

鳥海町から出た人の子ということで何か身近かに感じていたせいなのか、三船敏郎さんの死は、ただ有名人ということばかりでなく、とても淋しい気がしてならない。

◇ミフネさんの亡くなった翌年、「第七十回アカデミー賞」授賞式で、案内役のウービー・ゴールドバークが参加者に向かって云う。

「旧約聖書に貴重な人生訓があります。

何事にも季節があり、定められた時がある。産まれるとき、死ぬとき。

この授賞式で私たちは、仲間の功績を称えるだけでなく、過去一年間に亡くなった方々に哀悼の意を表します。

映画という芸術に身をささげた人々。そのすべてに思いを致すには時間が少ししかありませんが……彼らの遺産で私たちの人生は実り多き豊かなものとなるのです」

〈メモリアル〉のスクリーンに、『用心棒』『七人の侍』のトシロー・ミフネが大映しになった。

ミスター・ジャパン！

ミスター・シネマ！

客席から歓声があがり、ひときわ大きな拍手が起こった。

映画出演総本数は百四十本。このうち海外作品は十四本。断った作品はそれ以上だったときく。

「戦争のあと、軍隊毛布一枚で放っぽり出されたのを映画でひろってもらったんですから」

ミフネさんの声がわたしのなかでひびいた。

◇アメリカ、ロサンゼルス郊外にある「ムービーランド・ワックス・ミュージアム」には、ハリウッドで活躍する有名スターの蠟人形が二百体余り展示されている。ここにはサムライ姿の「ミフネ」が並び、また、『whoes.who』という世界の著名人を集めた人名辞典には、唯一、日本人俳優として三船敏郎が掲載されている。

ミフネは云う。

「日本人は卑屈になっちゃいかん。映画は芸術だ。良いものは良い、悪いものは悪い。一本一本、いいものを創っていくことだけですよ」

一作一生主義というのだろうか。

人間・三船敏郎の言葉は重い。無一物から素手で人生を切り拓いた男、常に日本を背負いつづけて世界を席巻した男の言葉だからである。

しかし、〝サムライ・ミフネ〟にも孤独はあった。深い寂寥があった。人は一体、何を得て幸福なのか。

「最も小さくて最も強い組織体――それは夫婦ですよ」

と、弁護士・中坊公平は云う。

普通に生きるわたしたち、大した運も富も持ち合わせていないわたしたちは、せめて妻を愛し夫を愛し、小さな組織体を大切に思おうではないか。「ささやかな夫婦愛」――ミフネが唯一、望んで得られなかったものかも知れぬ。

前述した東宝入社時のミフネ・ノートには、俳優の結婚についても記されている。

「女の場合、両立しない。男の場合といえども失敗するものも少なくない」

よき伴侶――よき結婚。若き日、肝に銘じた願望に違いない。三船本家のツヱさんも怪訝顔である。

「かたいトシローさんで、家族思いのひとだったたから。（女に走るなんて）トテモトテモ……」

《粟津號ドラマティックライブ「三船敏郎外伝」奮戦記より》

――わたしの創作ひとり舞台第一回作品『上野駅14番線』の主人公の家の近所にあった三船本家(敏郎の父の生家)を訪ねたことがきっかけで〝世界のミフネ〟への没頭が始まりました。秋田という同根の兄弟の親しみもありました。舞台はわたしの俳優生活と重ねながらの脚本構成。スケールの違いこそあれ、同じ俳優の生き様である。

とはいえ、フィルムに刻印された、クロサワ&ミフネ映画のSuper Greatな仕事を限りなく誇りに思い、尊敬するものであります。

《秋田魁新報　平成十年（一九九八）十月十三日・抜粋》

「三船敏郎外伝」を初公演

男鹿市出身の俳優・粟津號さん（五三）が、最も好きな俳優である三船敏郎（昨年十二月、七十七歳で死去）の生の軌跡を浮かび上がらせる「ひとり舞台」を故郷で初公演することとなった。「三船敏郎外伝――わたしのトシローさん」

三船は日本を代表する俳優となり「世界のミフネ」と呼ばれた。父の徳造は鳥海町出身。本家も同町にある。粟津さんは長く俳優・三船のファンだった。

今年二月、公演で由利町にやってきた粟津さんは三船本家を訪ね、人間・三船の素顔に触れると同時に、秋田という〝同根〟を感じた。以降、三船ゆかりの人々に話をきいたり、三船の残した資料を読んだりし、三船と一族についての思いをつづって秋田魁新報に寄せてきた。ひとり舞台「三船敏郎外伝」はその取材を基にした書き下ろし。映画『用心棒』の装いで登場、ワンシーンを演じ、三船本家のツヱさんになる。さらにエピソードなどを紹介しながら人間・三船を浮かび上がらせていく。

公演を前に、粟津さんはこんなメッセージを寄せている。

「秋田にルーツをもつ黒澤明と三船敏郎。二人の巨人を励ましとして男鹿のわれらも続こう。巨匠も名優も若き日は無名だった。男鹿のみんなよ、頑張れ。夢をもとう。いまからでも遅くない。しかし、いまからでなければ遅い。人生をすてきにするのは君自身」

公演は三十日が午後六時から、三十一日が午前十一時から。ともに男鹿市民文化会館で。

《秋田魁新報　平成十年（一九九八）十一月三日・コラム》

「（生徒諸君には）**何よりの授業だった**」

男鹿高校創立四十周年を記念して、俳優・粟津號さんが先月三十、三十一の両日、『三船敏郎外伝　わたしのトシローさん』を公演した。それを観た小玉啓太郎・男鹿市教育長の感想である。

粟津さんは男鹿市出身。人間・ミフネの素顔に触れ、生の軌跡を追うことになった。鳥海町の三船本家を訪れたことが機縁だった。その取材を基に「ひとり舞台」を構成した。惚れこんだ役者の生を浮かび上がらせたいと思った。

「世界のミフネ」も秋田にルーツを持つ。同根を感じた。その舞台化は自らの生きようを語ることにもなるのではないか、との思いがあった。
「ミフネを演るなんて、虢ちゃんも男だねえ」（土屋統吾郎映画監督）

◇　あれはいつだったろうか。
銀座の映画館・並木座が閉館を前に「特集」を組んだ。
その日は『用心棒』だった。
連れあいと一緒に出かけた。
彼女はいつも一番前の席でスクリーンを観る。画面のなかに没頭するのだという。
観《み》終わって、
「実像《ホンモノ》だわ」

三船さんは役そのものです。なりきってます。役柄を引きよせてなどいない。一体です。
いまさらながらではあるが、一流を観た。超一流に没頭していた、ということらしかった。

◇　さて、〈三船敏郎告別式〉では、とりわけ沁み入る弔辞が読まれた。
拝見したTV画面には、和紙に書かれたさようならが大写しになった。かつてのモノクロ映画を憶わせる丁寧な筆跡は……

　語りつくしていた。


「三船君　今日は君の葬式だというのに、僕がそこへ行けない、ということを、まず謝ります。

……（略）……

　僕たちは、共に日本映画の黄金時代を作ってきたのです。

　今、その作品の、ひとつ、ひとつを振り返って見ると、どれも三船君がいなかったら出来なかったものばかりです。君は本当によく演ったと思う。三船君、どうもありがとう。僕はもう一度、君と酒でも飲みながら、そんな話がしたかった。さようなら、三船君、また会おう。

　一九九八年一月二十四日　　黒澤明」(43)


黒澤明監督はミフネさんが亡くなったおよそ九カ月後、身罷《みまか》れた。

終章　町工場のオヤジさん

こんな話を聞いた。

――三船プロのスタジオで、あるテレビ時代劇を撮影していたときのことである。

出番待ちの俳優が袂からライターを取り出し、タバコに火をつけた。つられるように他の役者たちも吸いはじめた。近くに灰皿はなく、俳優たちは吸い殻を足で揉み消している。

時代劇のセットに現代の嗜好品、タバコの吸い殻が落ちて在ってはならないのである。画面に映っていいようものならそれだけでウソになってしまう。自動車が画面をよぎるようなものだ。

わたしと同年代の俳優・須永慶も、出番待ちの役者のひとりとして一服していた。ふと見ると、向こうでしょぼいオジさんが身をかがめ、吸い殻をひとつひとつ手で拾い集めている。スタジオ付きの清掃係かな……としばらく眺めていたが、「待てよ」と思った。

目をこらしながら須永は、役者たちに耳打ちした。

「あの人さあ、ミフネさんじゃない？」

「んっ!?」

「どう見てもミフネさんだよ。そうだよっ」

　須永は慌ててタバコを揉み消した。が、もう足元に捨てることなど出来ない。手のなかに握って隠した。そのオジさんは黙々と拾うだけである。咎めるでなし、睨みつけるでなし。ひたすら拾い集めている。

「吸ってちょうだい、ボクがかたづける」

　そんな背中である。

　須永は雷に撃たれたように立ち尽くした。

　やがて感動が襲う。

「他の役者はどう思ったか知らないよ。俺は思ったネ。凄い人だ。もちろん名優だけど、それ以前に素晴らしい人間だなって。口に出さず、身をもって示す役者のありよう……いや、マイッタ」

　すでにミフネさんは立ち去ってそこにいないのだが、その残像が須永には見え続けていた。

「シャツもズボンも地味でねぇ。いやあ、町工場のオヤジさんが仕事場を見廻って、後片付けしているみたいなんだよ」

妹・君子さんの話

――父の徳造は、それはそれは大変な故郷思いで、いつも子供たちに「一度は皆、秋田を訪ねていくように」と云っておりました。戦後、二十三年ごろ、私は一年近く本家のお世話になりました。だから私は大の秋田贔屓《びいき》で、息子にも「秋田から嫁さんをもらいなさい」と云ってるんです。

父の徳造は写真家として忙しく、また旅行がちで、写真館を留守にすることが多かったのです。そんな折り、三歳になる姉・文子を乗せた乳母車が転倒し、頭を強く打って亡くなるというアクシデントが起きました。そのころ、三船写真館では、子供一人ひとりに乳母がひとりついておりました。文子付きの乳母が目を離した隙の事故でした。

帰宅して娘の死を知らされた父は、母を責めました。それからというもの、夫婦仲は険悪になり、母は結局、家を出ていくことになりました。そういうこともあり、兄たちも私も母のことはあまり語りたくないんです。

敏郎兄は子供のころから画がとってもうまくて、評判の少年でした。兄の描いた油絵をもらいに来る人がいたほどで、将来はすばらしい画描きになると思われていたんですよ。

（了）

★秋田で生まれた俳優・粟津號が、三船敏郎氏のルーツに感銘して綴ったものを、（平成十二年（二〇〇〇）粟津他界の為）大幅加筆・推敲したものです。

★敬称を略しました。

参考文献

『中仙町 第 1 回黒澤明映画祭プログラム』1992 年 黒澤明研究会
『大相撲鬼才人物烈伝』小池謙一 東京堂出版
『新潮 45』1998 年 4 月「わが父 " 三船敏郎 " の晩年」三船史郎
『映画を愛した二人 黒澤明 三船敏郎』阿部嘉典 報知新聞社
1996 年 4 月 26 日
『黒澤明　音と映像』西村雄一郎　1991 年 5 月 30 日第 4 刷　立風書房
『追悼　黒澤明　妥協なき映画人生』朝日新聞社 1998 年 10 月 1 日
『黒澤明伝　天皇と呼ばれた映画監督』三國隆三 1998 年 12 月 31 日展望社
『天気待ち・監督黒澤明とともに』野上照代　2001 年 1 月 10 日文藝春秋
『黒部の太陽　ミフネと裕次郎』熊井啓 2005 年 2 月 20 日　新潮社
『黒澤明 全作品と全生涯』都筑政昭　東京書籍　2010 年 3 月 5 日
『文藝　別冊　黒澤明』1998 年 12 月 22 日　河出書房新社
『用心棒スチール写真全 348』協力：黒澤プロ 小学館 1999 年 6 月 1 日
『パパ　黒澤明』黒澤和子　2000 年 1 月 10 日　文藝春秋
『日本映画俳優全史 男 後編』猪俣勝人　田山力也 社会思想社
1991 年 2 月 28 日第 18 刷
『黒澤明　Poster Cards』沖縄郵政管理事務所、東京郵政局
『日々平安』山本周五郎　新潮社
『実力者の条件（この人たちのエッセンス）』草柳大蔵
1985 年 10 月 25 日　文藝春秋
『戦後史開封 3』1996 年 2 月 20 日　産経新聞ニュースサービス
『黒澤明　生誕 100 年総特集』2010 年 1 月 30 日　河出書房新社
毎日ムック『戦後 50 年』1995 年 3 月 25 日毎日新聞社
『アンケートによる男優　ベスト 150』1993 年 10 月 9 日 文藝春秋
『日本映画の巨匠たち（2）黒澤明』佐藤忠男（常陽書房）
『黒澤チルドレン』西村雄一郎 2010 年 6 月 9 小学館
『日本映画史』佐藤忠男 岩波書店 1996 年 4 月 5 日
＊黒澤明コレクション『黒澤明・三船敏郎　二人の日本人』
キネマ旬報社　1997 年 12 月 15 日
＊黒澤明コレクション『黒澤明・その作品と顔』キネマ旬報社臨時増刊
1997 年 12 月 15 日
『黒澤明集成』キネマ旬報社 1989 年 3 月 11 日
『キネマ旬報』1967 年 10 月 1 日「三船敏郎氏に贈る手紙」荻昌弘
『キネマ旬報』1969 年 2 月 15 日号「太平洋に鳴る汽笛」
『キネマ旬報』1998 年 3 月上旬号「世界に通じる映画俳優」「黒澤明」
『キネマ旬報セレクション 黒澤明』2010 年 4 月 16 日

(24)『キネマ旬報 No.886』「日本のスター（前編）」水野晴郎
1984 年 5 月下旬号
(25)『戦後映画の展開』「戦後映画を駆け抜ける」佐藤忠男
岩波書店 1989 年 4 月 10 日第 3 刷
(26)『週刊文春』「せまい日本映画界には住みあきた」大宅壮一
1965 年 5 月 17 日
(27)「この道 500 人の証言」白井佳夫　日刊スポーツ新聞社
(28)『昭和漫画雑記帖』うしおそうじ 1995 年 7 月 15 日　同文書院
(29)『週刊朝日』「時の素顔・生地でぶつかる“赤ひげ”役」
新垣秀雄対談　1964 年 3 月 20 日
(30) 黒澤明コレクション『黒澤明ドキュメント』出目昌伸
1997 年 12 月 15 日　キネマ旬報社
(31)『春ヤ春カツドウヤ』山本嘉次郎 日芸出版　1971 年
(32)「誰も書かなかったスター伝説」1999 スポーツ報知発刊 50 年企画
(33)『キネマ旬報』「何とかなるさ、では、何ともならないはずだ！」
1969 年 1 月号
(34)『サンデー毎日』「戦後民衆史の現場をゆく」1975 年 3 月 2 日
(35)『女性自身』「女房が言っていることはすべて嘘だ！」1972 年 6 月 24 日
(36)『女性セブン』山本千枝子　1976 年 11 月 24 日号
(37)『文藝春秋』「三船敏郎夫人に与う」五味康祐　1976 年 8 月
(38)『女性自身』「三船敏郎が語った離婚のこと仕事…そして友」
1977 年 1 月上旬（3・16 日）合併号
(39)『週刊文春』「弟・会社社長三船芳郎氏の存在」1972 年 6 月 26 日
(40)『文藝春秋』「平成日本 50 人のレクイエム　三船敏郎」喜多川美佳
1977 年 1 月上旬（3・16 日）合併号
(41)『週刊朝日』「世界の三船が最後に戻った侍の妻の死」1995 年 10 月 6 日
(42)『週刊新潮』「三船敏郎 残酷な死」1998 年 1 月 15 日号
(43)「黒澤明監督からの弔辞」三船敏郎告別式では黒澤プロ代表・黒澤久雄
氏（長男）が代読　1998 年 1 月 24 日

参考文献

『映画スター自叙伝集 1948』回想録「幾山河」三船敏郎 丸の内書店
『記録　秋田博』1969
『鳥海町史』鳥海町 1985 年 11 月 1 日　鳥海町
「亡父とそっくりだった」三船由裕　1997 年 12 月 25 日 秋田魁新報
『ふるさと通信 秋田を味わう』「黒澤明・三船敏郎」1999 年　武蔵出版
『エプロンの詩 6 号』鳥海町生涯学習講座文章教室　1998 年 3 月 7 日
○今野志津子「青い月」○佐藤明美「三船敏郎さんのこと」
『黒澤明展 1997　10/8 ～ 13』黒澤明展実行委員会
『黒澤明研究会誌・No.11』1992 年 11 月 1 日　黒澤明研究会

参考文献

口絵写真
　i　三船本家　家族写真 1905 (三船由裕所蔵)
　ii　三船写真館 青島時代 (三船由裕所蔵)
　iii　三船本家の墓前で 1969 (三船由裕所蔵)
　iv　秋田県区域図
画・題字：粟津號

引用文献

(1) アサヒグラフ『追悼 三船敏郎 男』朝日新聞社 1998 年 1 月 25 日増刊号
(2) TV 映画作品『剣と風と子守唄』1975 年
　三船プロダクション・日本テレビ
(3)『キネマ旬報』「日本のスター（後編）」水野晴郎 1984 年 6 月上旬号
(4) 東宝映画『ならず者』1956 年　主題歌　三船敏郎「山の男の唄」
　作詞 / 佐藤一郎　作曲 / 佐藤 勝
(5)『蝦蟇の油』黒澤明　岩波書店 1984 年 6 月
(6)『悪魔のように細心に！ 天使のように大胆に！』東宝事業部　1975 年
(7)『徹子の部屋』テレビ朝日映像 1981 年 3 月 30 日放送
(8)『潮』「人生は甘いもんじゃあない」三船敏郎 1970 年 4 月号
(9)『週刊サンケイ』〈圭三対談〉1962 年 6 月 11 日号
(10)『浪漫工房 8 号』「三船敏郎 その偉大なる愛」谷口千吉、野上照代、
　高瀬昌弘 1995 年 4 月 29 日 創作工房
(11)『週刊読売』「ミフネとクロサワ」1960 年 10 月 9 日
(12)『けれど夜明けに わが青春の黒澤明』植草圭之助
　文藝春秋 1978 年 1 月 10 日
(13)『アカシアの大連』清岡卓行　1970 年 3 月 20 日 講談社
(14)『三船敏郎 さいごのサムライ』白井佳夫・谷口千吉
　1998 年 2 月 25 日 毎日新聞社
(15)『婦人公論』「日本の価値ある男」水木洋子 1961 年 12 月
(16)『週刊平凡』「赤ヒゲのソビエト見聞記」芥川隆行 1965 年 9 月 2 日号
(17)『映画演技読本』田中栄三 1957 年 3 月 20 日改 3 版　映画世界社
(18)『毎日グラフ』1956 年 4 月 1 日「4 月 1 日に生まれて」
(19)『戦後映画の展開』「七人の侍のしごと」廣澤栄
　1989 年 4 月 10 日第 3 刷　岩波書店
(20)『週刊朝日』「二人の利休がトーク」1989 年 5 月 26 日
(21)『月刊・出版と文化』秋田文化出版社 1969 年 5 月 25 日
(22)『週刊読売』「やァ こんにちは」日出造 1961 年 8 月 6 日
(23)『キネマ旬報 No.1249』「追悼・三船敏郎」中島貞夫
　1998 年 3 月上旬特別号　キネマ旬報社

略歴

粟津號（あわづ ごう）
1945年、秋田県男鹿市
貴栄山・円應寺に生まれる。
俳優。映画・TV、「ひとり舞台」では
脚本、演出、主演。2000年没。

船木 倶子（ふなき ともこ）
秋田県男鹿半島に生まれる。
詩人。

三船敏郎外伝　わたしのトシローさん

著者　粟津號　船木倶子
2020年12月1日 第1刷
発行　倶子オフィス
279-0011 千葉県浦安市美浜 2-1-502
Phone 047-381-4145　振替 00100-0-188685
tomokooffice@nifty.com
印刷　TOP印刷　製本　博勝堂

ISBN978-4-9909987-2-1　C0074